D0011251

Casada conmigo

© TANYA TRIBBLE STUDIO

Casada
conmigo

Cómo triunfé

después

del divorcio

*D*AYANARA TORRES
Ex Miss Universo y
Estrella Internacional

con **Jeannette Torres-Álvarez**
Consejera de salud mental

A CELEBRA BOOK

CELEBRA
Published by New American Library, a division of Penguin Group (USA) Inc., 375 Hudson Street, New York, New York 10014, USA
Penguin Group (Canada), 90 Eglinton Avenue East, Suite 700, Toronto, Ontario M4P 2Y3, Canada (a division of Pearson Penguin Canada Inc.)
Penguin Books Ltd., 80 Strand, London WC2R 0RL, England
Penguin Ireland, 25 St. Stephen's Green, Dublin 2, Ireland (a division of Penguin Books Ltd.)
Penguin Group (Australia), 250 Camberwell Road, Camberwell, Victoria 3124, Australia (a division of Pearson Australia Group Pty. Ltd.)
Penguin Books India Pvt. Ltd., 11 Community Centre, Panchsheel Park, New Delhi - 110 017, India
Penguin Group (NZ), 67 Apollo Drive, Rosedale, North Shore 0632, New Zealand (a division of Pearson New Zealand Ltd.)
Penguin Books (South Africa) (Pty.) Ltd., 24 Sturdee Avenue, Rosebank, Johannesburg 2196, South Africa

Penguin Books Ltd., Registered Offices:
80 Strand, London WC2R 0RL, England

Published by Celebra, a division of Penguin Group (USA) Inc. Previously published in an English-language Celebra hardcover.

First Printing (Spanish Edition), January 2009
10   9   8   7

Copyright © Dayanara Torres and Jeannette Torres-Álvarez, 2009
Translation copyright © Celebra, a division of Penguin Group (USA) Inc., 2009
All rights reserved

CELEBRA and logo are trademarks of Penguin Group (USA) Inc.

Celebra Trade Paperback ISBN: 978-0-451-22608-2

The Library of Congress has cataloged the English-language hardcover edition of this title as follows:
Torres, Dayanara.
    Married to me: how committing to myself led to triumph after divorce/Dayanara Torres, with Jeannette Torres-Alvarez.
        p.   cm.
    ISBN 978-0-451-22461-3
    1. Torres, Dayanara.   2. Divorced women—Biography.   3. Divorced women—Psychology.   4. Self-esteem in women.   I. Torres-Alvarez, Jeannette.   II. Title.
    HQ811.5.T67A3   2008
    306.89'3092—dc22   2008000794
[B]

Set in Joanna
Designed by Susan Hood

Printed in the United States of America

Without limiting the rights under copyright reserved above, no part of this publication may be reproduced, stored in or introduced into a retrieval system, or transmitted, in any form, or by any means (electronic, mechanical, photocopying, recording, or otherwise), without the prior written permission of both the copyright owner and the above publisher of this book.

PUBLISHER'S NOTE
While the author has made every effort to provide accurate telephone numbers and Internet addresses at the time of publication, neither the publisher nor the author assumes any responsibility for errors, or for changes that occur after publication. Further, publisher does not have any control over and does not assume any responsibility for author or third-party Web sites or their content.

The scanning, uploading, and distribution of this book via the Internet or via any other means without the permission of the publisher is illegal and punishable by law. Please purchase only authorized electronic editions, and do not participate in or encourage electronic piracy of copyrighted materials. Your support of the author's rights is appreciated.

A MIS CHOCOLATITOS, CRISTIAN Y RYAN,

Porque mi vida adquirió significado
desde que ustedes dos me eligieron

ÍNDICE

Índice

Casada conmigo

CARTA DE DAYANARA

Recuerdo haber pensado una y otra vez, qué lástima haber desperdiciado ese vestido. Sé que fue tonto hacerle duelo, pero fue mucho más fácil que hacerle duelo a lo más difícil, a mi matrimonio, por ejemplo. Pero fue un vestido maravilloso. Fue exactamente el tipo de vestido que siempre le describía a mi hermana Jinny (Jeannette Torres-Álvarez), todas esas tardes después del colegio, cuando de adolescentes pasábamos incontables horas hablando de bodas, muchachos y damas de honor. Naturalmente, nunca hablamos de separaciones, divorcios, ni de qué nos pondríamos para una audiencia de divorcio, aunque Dios sabe que ahora de adultas pasamos incontables horas analizando precisamente estos temas.

Jinny es consejera de salud mental, con diversos grados y muchos años de práctica, ¡y claro que me aproveche de eso! Durante todo el proceso de mi divorcio, ella fue mi apoyo, mi mejor amiga, y mi terapeuta personal. Fue una suerte para mí que no me cobrara... ¡Gracias a Dios! ¡La cuenta habría sido enorme! Jinny es la experta, y quien ha leído todos los libros. Yo, nunca pasé de las primeras cinco páginas. Por supuesto que lo intenté, lo prometo. Fui a todas las librerías y busqué esa pequeña y triste "sección de divorcio". Aunque para ser honesta, lo último que quería era leer un libro sobre el divorcio. Me quedaba ahí parada, hojeando cada libro frío, aburrido y deprimente. De todas formas compré algunos, para demostrar que me estaba esforzando. O por lo menos eso creo. Los puse en mi colección de libros y jamás los volví a abrir.

En realidad lo que buscaba era un libro que fuera cálido, con una voz amena, tal vez un poco cómico. Muchas veces fue la risa la que me ayudó a aliviar el dolor que sentía. Y la verdad es que lo último que quería era abrir un libro teórico sobre el divorcio. Necesitaba algo así como una "guía al divorcio escrita por una amiga íntima", algo que me diera mantras, anécdotas y algo de ayuda para comprender, en mi interior, aquello por lo que estaba pasando... pero tal libro no existía. Y por eso fue que decidí escribirlo. Como siempre, convencí a Jinny de que se uniera a mi proyecto. Ella tiene los diplomas, y yo los papeles del divorcio —juntas formamos un buen equipo. A lo largo de este libro, presentaré situaciones personales y consejos mientras que Jinny presentará el aspecto profesional. He salpicado por todo el texto algunas de mis citas favoritas, que fui anotando en una libreta durante los días y meses después de mi divorcio. Esperamos que a través de nuestros consejos, anécdotas, historias y citas, podamos servir de guía e inspiración. Quisiera aclarar que este no es un libro que promueva el divorcio. Todo lo contrario. Es un libro para animarte a establecer una relación contigo misma (ya sea que estés o no divorciada). ¡Éste es el libro que hubiera querido encontrar en los estantes de la sección de autoayuda y psicología! Habría sido mucho más útil y constructivo que las incontables películas de tristeza y dolor que vi durante este tiempo. La verdad es que debo estar agradecida de no haber encontrado el libro perfecto, porque fue eso lo que a fin de cuentas me inspiró a escribir el mío. Dios sabe que no fue fácil escribirlo. Me ha tomado años de tristezas y triunfos poder compartir mi experiencia contigo, y ojalá te inspire a tomar control de tu vida, a comprometerte contigo misma y a convertirte en la persona feliz que realmente eres.

Por siempre,
Dayanara ("Yari")

UNA NOTA DE JINNY

Equilibrio... ¿No es eso lo que toda mujer quiere lograr? He experimentado la frustración de no poder encontrar mi equilibrio, y sé que todas las mujeres que conozco tienen frustraciones similares. Lograr el equilibrio y vivir en armonía con nuestra familia, con nuestros amigos, con nuestro compañero y con quienes nos rodean no son tareas fáciles. Escribir este libro me ha dado la oportunidad de explorar y descubrir de qué se trata realmente el equilibrio.

Hay un punto en la vida en el que empezamos a hacer malabares con bolas de cristal, es decir, con esos aspectos de nuestra vida que para nosotras son valiosos y que no queremos dejar caer al piso. Y la verdad es que muchas veces nos damos cuenta que es difícil mantener todas las bolas en el aire al mismo tiempo. Para muchas de nosotras, la vida es un malabarismo constante:

La maternidad —¡Siempre procuramos ser las madres perfectas! Jugamos con la maloliente plastilina. Inventamos canciones y bailes tontos para que nuestros hijos coman. Nos aseguramos de que no coman demasiada azúcar para que duerman bien y que nos permitan unos minutos de descanso para poder ducharnos. Sin embargo, al final del día, siempre nos preguntamos: "¿Estoy haciendo las cosas bien?".

Relaciones —Constantemente procuramos mantener encendida la llama del amor. Pero después de ocho horas de trabajo, dos horas de tráfico (al menos para algunas de nosotras), tres horas de deberes escolares con los niños, preparar la comida (al menos para algunas de nosotras), y procurar mantener la casa en orden, a veces no tenemos la energía necesaria para dedicarle a nuestra pareja. Cuando al fin nos sentamos por un momento, con frecuencia lo único que queremos es estar solas.

Trabajo —Procuramos crecer y progresar en nuestra profesión. Nos levantamos temprano, trabajamos hasta tarde y no almorzamos porque pareciera que, hagamos lo que hagamos, las pilas de papeles, correos electrónicos y llamadas telefónicas nunca disminuyen. Y al final siempre nos preguntamos: "¿Estoy haciendo lo suficiente?".

En el caso de Yari, estas son, definitivamente, las tres bolas de cristal que mantiene constantemente en el aire, aunque hay que admitir que, por un tiempo, dejó que su carrera cayera al borde del camino. Al principio, cuando se casó, era hermoso y emocionante ver a mi hermana tan enamorada, pues se trataba, sin lugar a dudas, de un tipo de amor que no se ve todos los días. Como hermana, yo la apoyaba en que estuviera tan dedicada a su relación y a su familia, sin embargo, también me preocupaba de que hubiera decidido no continuar con su carrera al mismo tiempo. Sabía que era su pasión y que era algo muy valioso para su felicidad. Al principio, no pareció afectarla mucho. Parecía contenta de estar dedicada a ser madre y esposa. Sin embargo, después de un tiempo, se dio cuenta de que había comenzado a perder la armonía y equilibrio en su vida. Había dejado caer esa tercera bola de cristal.

Ahora, estoy feliz de ver con mis propios ojos cómo mi hermana, mi mejor amiga, ha recuperado su equilibrio. Me siento muy orgullosa al ver que Yari es una *madre* sorprendente, que les da a Cristian y al pequeño Ryan todo lo mejor de sí. Es una *profesional* exitosa e inspiradora; de nuevo comprometida con su trabajo y su pasión. Y ha podido entrar de nuevo en una *relación* alegre y sana, porque a conciencia, se ha tomado el tiempo de establecer una relación alegre y sana *con ella* misma. ¡El hecho de que mi hermana haya encontrado el equilibrio que había estado buscando por tanto tiempo significa mucho para mí!

Mientras dedicaba horas a este proyecto, mi esposo me preguntó un día a qué tipo de público estaba dirigido el libro. Sinceramente creo que este libro está dirigido a todas las mujeres; sin importar su estado civil; soltera, casada, divorciada o separada, este libro es para ti. Es posible que las bolas de cristal que tú mantengas en el aire sean distintas, según tus diferentes prioridades, pero el mensaje sigue siendo el mismo para todas y cada una de nosotras: Lo que importa es el EQUILIBRIO.

Espero que todas, al leer este libro, puedan avanzar en la búsqueda de su propio EQUILIBRIO en la vida.

Con mis mejores deseos,
Jinny

INTRODUCCIÓN

En caso de que desees devolver el libro y recuperar tu dinero antes de abrirlo, quiero decirte que en éste libro no voy a contar ningún detalle. Muy por el contrario. En primer lugar, mi ex esposo y yo nos esforzamos al máximo por mantener una identidad familiar que fuera lo más sólida posible. En segundo lugar, nunca podría hacer de mi divorcio algo tan interesante y dramático como lo hicieron parecer los tabloides y revistas de farándula. Francamente, la verdad es que no fue tan horrible. No discutimos ni por uno solo de los electrodomésticos. La verdad es que nuestro proceso de divorcio fue muy poco dramático.

Eso no quiere decir que mi experiencia de divorcio haya sido fácil. Dios sabe que no lo fue. La licuadora simplemente no me interesaba lo suficiente como para pasarme el día peleando por ella. Tenía otras cosas que hacer y otras cosas por las cuales preocuparme, como mis hijos y mi futuro. Sin embargo, durante todo esa época pasé una buena parte del tiempo llorando. Pasaba horas mirando películas trágicas y comía más de lo necesario para consolarme. Hay que hacer lo que sea para dejar de pensar en el estrés, el dolor y la ansiedad. Recomiendo firmemente perder unas cuantas horas al día —vamos, inclusive un día completo— viendo películas viejas. Te prometo que en comparación a lo que sucede en la pantalla, tu vida te parecerá menos dramática. Y ¿en cuanto a qué comer para consolarse? Cualquier tipo de comida está permitido. Todo está permitido. Lo que sea que dé resultado, lo que te ayude a sentirte mejor en esta desastrosa situación, *está permitido*.

Y es que, seamos francas: La situación, es desastrosa. Hay una razón por la que cuando éramos adolescentes, Jinny y yo nunca nos sentamos en nuestras camas para decirnos con voz ensoñadora, "Cuando me divorcie voy a lucir un lindo traje negro de Armani, y mis damas de divorcio van a ir vestidas de rojo sangre". No, se supone que el matrimonio no debe terminar en divorcio. Por lo tanto, es difícil recuperarse del golpe de que esa historia de amor con la que uno soñó desde pequeña no va a terminar con un "...y vivieron felices por el resto de sus días".

Mi historia de amor comenzó en 1999, cuando conocí a mi ex esposo en Puerto Rico. Había sido coronada como Miss Universo seis años antes, y desde entonces no había dejado de trabajar, viajar e ir de un lado para otro (de Puerto Rico a Los Ángeles, a las Filipinas y de nuevo a Puerto Rico). Estaba cansada, deseosa de encontrar algo de estabilidad y estaba dispuesta a dejarme rescatar. Mi ex esposo llegó justo en el momento indicado. Parecíamos compartir todos los mismos valores y los mismos sueños. Él quería formar un hogar, fundar una familia y compartir sus éxitos con alguien. Yo quería exactamente lo mismo. Empezamos a salir, y pasaron sólo unos meses antes de que nos comprometiéramos. Yo no podía estar más feliz.

Nos casamos el 10 de mayo del 2000, en una ceremonia civil en Las Vegas. Dos años después, renovamos nuestros votos con gran lujo en San Juan, donde por fin tuve la boda de mis sueños. Dos años más tarde decidimos que ya no compartíamos los mismos valores o sueños. Nuestro proceso de divorcio terminó en junio del 2004, y fue en ese momento que mi cuento de hadas se detuvo en seco. No puede haber quedado más devastada. Total y absolutamente devastada. La verdad, es que soy una muchacha soñadora, que cree en encontrar ese gran Amor con un final feliz. Siempre, desde que tengo memoria, he querido vivir una vida de felicidad eterna. Yo estaba convencida que juntos pasaríamos el resto de nuestras vidas: los aniversarios, las vacaciones, los cumpleaños, los niños, y sobre todo los fines de semana. Cuando era niña, Jinny, mis hermanos y yo nos metíamos todos en la cama de mis padres los sábados y los domingos por la mañana. Permanecíamos ahí durante horas, hablando, bromeando y riendo. A medida que fui creciendo, me aferré a la imagen de esas mañanas y siempre pensé que compartiría momentos iguales con mi propia familia. Quería que mis hijos tuvieran esa sensación de amor, seguridad y felicidad que experimenté en aquella época. Quería que tuvieran el mismo tipo de vacaciones y días de fiesta que yo recordaba, con nuestros dos padres listos a tomar las fotografías en el momento de abrir los regalos y cortar la torta de cumpleaños. Quería que tuvieran a sus dos padres presentes en los partidos de las Pequeñas Ligas de béisbol. Quería que cada año, las tarjetas de Navidad mostraran la imagen de la familia perfecta. Ahora me doy cuenta de que el problema es que todos esos recuerdos estaban arraigados en la felicidad. Para poder dejarles este tipo de recuerdos a mis hijos, debía ser sincera conmigo misma y admitir que ya no era feliz en mi matrimonio.

Mi mayor deseo era que termináramos nuestros días juntos, los dos ya canosos, sentados en un par de mecedoras. No quería que fuera "Yo me quedo con esta casa tu te quedas con esa otra". En diciembre del 2003, me encontré en una oficina de abogados en

Miami, firmando el documento de "Yo me quedo con esta casa y tu te quedas con esa". Cuando salí de allí, no sabía a dónde ir. Me quedé parada bajo ese detestable sol brillante de Miami y me dije: "Bien ¿y ahora qué?". Una parte de mí respondió: "No tengo la menor idea". Otra parte de mí sugirió: "Vamos a casa a acostarnos y llorar un poco". Así que, a falta de otra opción mejor, eso fue lo que hice.

Acostada en esa cama, tuve días en los que creí que nunca me recuperaría del divorcio. Claro está que tenía amigos y miembros de mi familia que me decían, "¡Vas a estar bien! ¡Esto te hará más fuerte!". Ay, qué ganas de golpearlos. Lo único que quería era golpearlos. Si tan sólo hubiera tenido la fuerza para hacerlo. En vez de eso, simplemente me tapaba con las cobijas, me cubría la cara con la almohada y sollozaba: "¡Esto no se suponía que me pasara!" ¿Dramático? Tal vez. ¿Justificado? Definitivamente. Porque, al menos durante las primeras semanas (o tal vez los primeros meses), tenía todo el derecho a sollozar en la almohada. No me cabe duda de que algunos de mis amigos y familiares debían querer sacudirme y repetirme esas molestas afirmaciones: "¡Vas a estar bien! ¡Esto te hará más fuerte!", pero no lo hicieron. Fueron más inteligentes que eso. Vieron, por mis ojos hinchados, que no necesitaba sus palabras de ánimo. En ese momento, los único que quería oír eran algo así como: "¡Has adelgazado!" y "¡Tu pelo se ve muy bien cuando no te lo lavas!".

Ahora, mientras escribo este libro, me doy cuenta de que casi no reconozco a esa muchacha que sollozaba contra la almohada hace cuatro años. Y sólo ahora puedo al fin admitir que tal vez todos esos amigos y parientes con sus palabras de ánimo, diciéndome "vas a estar bien", sí tenían razón. Sí, estoy bien. Tenían razón. Ahora, estoy más que bien. Ahora, después de un viaje de cuatro años desde la deprimente oficina de abogados de Miami a mi nuevo hogar feliz en Los Ángeles, puedo decir que soy más fuerte de lo que alguna vez creí que podría ser.

Sí, me tomó cuatro años llegar a este lugar sano, feliz, en el que me lavo el pelo con regularidad. No me apresuré. Me tomé mi tiempo y disfruté cada paso del camino. Unos pocos meses después del divorcio, sin razón alguna, decidí cortarme el pelo y pintármelo de rojo. ¿De rojo? (Creía que se me veía bien hasta que, un día cuando estaba en el aeropuerto de Miami, alguien me dijo, "Oh, no te ves tan mal con el pelo rojo. No sé por qué todo el mundo dice que no se te ve bien". ¡Uf! Para saber la verdad acerca de cualquier cosa en la vida, hay que ir al aeropuerto de Miami). Poco después volví a teñirme el pelo de negro, y fue en ese momento que empecé a salir regularmente... con mi hijo de tres años. Salía con Cristian a cenar y al cine los sábados en la noche (mis hijos son excelentes parejas para salir), y empecé a volver a sentirme como la Dayanara de antes. Luego, un año después del divorcio —cuando cada fiesta dejó de recordarme la del año anterior con mi ex esposo— comencé a establecer mis propias tradiciones con los niños. Después del primer año, cuando ya tenía suficiente confianza en mí misma, empecé a avanzar un poco más rápido. Volví a trabajar, hice planes para mudarme a Los Ángeles, hice unos cuantos viajes, etc. Sin embargo, me negaba a apresurarme en mi recuperación. No me avergüenza decir que me tomó cuatro años recuperarme del todo.

Fueron necesarios cuatro años antes de que pudiera sentarme a escribir este libro tal como lo quería hacer —desde un lugar honesto, sano y feliz. Lo que espero es que, al contarte mi historia de la manera más franca posible (con ojos hinchados y pelo rojo incluido), pueda ayudar a inspirarte en tu viaje hacia la felicidad y el redescubrimiento. Ahora, después de un largo viaje de redescubrimiento, me enorgullece decir que estoy comprometida conmigo misma antes que con cualquier otra persona. Sí, me tomó cuatro años, pero al fin cambié mi anillo de compromiso por un reloj de pulsera Cartier con incrustaciones de diamante. Fue muy costoso, pero valió la pena. Lo considero mi anillo de compromiso conmigo misma, porque ahora al fin me doy cuenta de que la primera persona con la que uno debe casarse en la vida es con uno mismo.

Ahora, los fines de semana en las mañanas, los niños se meten a mi cama y hablamos, bromeamos y nos reímos. A veces me pregunto si, suponiendo que mi matrimonio hubiera continuado, tendríamos estos sábados en la mañana con los niños. Realmente creo que no sería así, porque yo no habría sido la madre feliz, sana y fuerte que soy. Ahora soy el tipo de madre que puede arreglárselas con la cámara de video y la torta de cumpleaños. Soy el tipo de madre que se siente orgullosa de enviar tarjetas de navidad perfectas cada diciembre, que persigue sus sueños cada mañana y que se las ingenia para recoger a los niños en el colegio todas las tardes. La otra noche, cuando los estaba acostando a dormir, mi hijo mayor inició sus oraciones diciendo: "Gracias, Papa Dios, por todos los recuerdos que me da mi mamá". Es en esos momentos que me doy cuenta de que no los he privado de nada. Por el contrario, les he dado el tipo de madre que se merecen.

Primera Parte

Aceptación

Aceptar la realidad

"Te ahogas no por caer a un río,
sino por permanecer en él".
—*Paulo Coelho*

Estaba *en nuestra nueva casa* en Miami cuando tomé la decisión. No llevábamos allí más de una semana. Ninguna de las paredes estaba pintada y acababa de comprar todos los muebles, por lo que estaba durmiendo en un colchón en el piso. Claro que pude haber escogido regresar a Long Island y quedarme allí, en una casa mucho más agradable, una que estaba totalmente decorada, amoblada, que era mucho más grande, y que tenía una cama de verdad, sobre la que me podía echar a llorar mi dramática tristeza. Pero no quería volver a ese lugar; sabía que sería demasiado doloroso intentar recuperarme en un hogar en donde habíamos vivido juntos durante cuatro años. Todos esos buenos y malos recuerdos me perseguirían día tras día. La casa de Miami no tenía esos recuerdos. No tenía viejos fantasmas y esto hacía que el ambiente fuera mucho más agradable; libre de tensiones y era todo mío. Pero lo mejor de Miami, y la principal razón por la cual me quedé, era que Jinny y mi mamá vivían allí, y sabía que no iba a poder avanzar sin tenerlas a ellas a mi lado.

Durante los primeros meses en Miami, creo que no me moví para nada. ¿Cómo es posible moverse cuando todo lo que se desea es quedarse en cama? Pues la verdad es que eso fue lo que hice durante meses. Había días en los que ni siquiera salía de debajo de las sábanas. Mi control remoto era mi mejor amigo. Junto a la cama tenía algunos de esos horribles libros sobre el divorcio, que tuve la intención de leer pero nunca lo hice. ¿Quién quiere leer veinte capítulos (en letra pequeña, además) sobre el maldito divorcio? Ahí fue donde entró Jinny; me dijo que si hubiera leído los libros, sabría cuáles eran las etapas y las fases que iba a tener que superar para levantarme de esa cama. Miré a Jinny y le dije: "Pero, ¿para qué leerme los libros si tu me lo puedes contar?". Entonces ella los guardó y en ese mismo instante, supe que no estaba sola. Me di cuenta de que lo que me estaba sucediendo, por más excepcional e inimaginable que me pareciera a mí, era universal. Hay generaciones de mujeres fuertes y valientes que han soportado el dolor del divorcio y que han tenido el coraje de reconstruir sus vidas. Esto lo comprendí de inmediato porque las cinco fases tenían mucha lógica. Eran:

I. Negación
II. Ira
III. Culpabilidad
IV. Dolor
V. Aceptación

Las primeras cuatro fases no parecían muy divertidas. La última parecía imposible, sin embargo, poco a poco, tal como lo había dicho Jinny, comencé a avanzar por las distintas etapas sin siquiera darme cuenta. Descubrí que tenía razón en cuanto a la negación, la ira, la culpabilidad y el dolor. No fueron fases divertidas. Pero no tenía razón en cuanto a la etapa de la aceptación. Sí es posible, en un determinado momento, pero hay que llegar a ella.

Aunque no pensaba que necesitaría los libros ni toda la terminología profesional para ayudarme a recorrer el camino hacia la gran recuperación, me ayudó muchísimo oír esas palabras de Jinny. Negación, ira, culpabilidad y dolor. Eso quería decir que todas las cosas que estaba sintiendo eran naturales y normales. Después de soportar tantos días cargados de tristeza, no podía menos que preguntarme ¿es esto correcto? Lo que quiero decir es que tenía que hacer esfuerzos sobrehumanos por levantarme y cepillarme los dientes. Me sentía algo patética, y no podía dejar de pensar: "¿Todo el mundo pasa por esto? ¿Es acaso normal?". Por lo tanto, cuando Jinny pronunció esas cuatro palabras, sentí alivio al comprender que por lo menos no estaba siendo más patética ni más dramática que todas las demás divorciadas del mundo. Me reconfortaba saber que allá afuera hay otras mujeres a las que también les ha costado trabajo poner la pasta de dientes sobre el cepillo. Entonces, sí, supongo que la terminología profesional ayuda, hasta cierto punto, pero en realidad no necesitaba largas explicaciones técnicas. Lo que necesitaba era una explicación personal, corta, de cada una de las etapas, seguida de una corta explicación profesional. Eso es exactamente lo que vas a encontrar en estas páginas. Seremos breves, amables, francas y directas. Sabemos que tienes bastantes películas y que querrás verlas. Esta primera sección del libro te llevará por cada una de las etapas tanto desde un punto de vista personal como profesional. Te voy a revelar mi propio viaje, los obstáculos a los que me enfrenté y cómo llegué por fin a la etapa de la aceptación. En estas páginas también encontrarás las notas y los consejos que me dio Jinny durante todo este tiempo. Aunque sé que nuestros viajes no son iguales, estoy segura de que en una u otra forma, nos enfrentamos a muchos de los mismos obstáculos. De hecho, todas las divorciadas que conozco se han enfrentado a la mayor parte, si no a todos los obstáculos con los que me he encontrado yo. Nos los encontramos en distintos momentos y con distintos grados de suerte. A medida que fui avanzando, me di cuenta de que no era la única en el mundo que se preguntaba si tenía la culpa de todo el divorcio, y no era la única persona que se permitía sumergirse en el dolor por días a la vez. Descubrí que el sólo hecho de saber que muchas personas encuentran los mismos obstáculos que yo me sirvió de consuelo y de apoyo. Con el objeto de brindarte algo de consuelo y apoyo, compartiré contigo cada obstáculo que tuve que superar (y aquellos contra los cuales tropecé muchas veces) para llegar el punto en el que al fin pudiera aceptar la realidad de la situación, lo cual es, para ser sincera, una de las partes más difíciles del proceso.

La primera de varias cortas explicaciones profesionales de Jinny

Nota de Jinny

SOBRE LAS CINCO ETAPAS

Es importante reconocer que cada cual recorrerá estas etapas a su propio ritmo y según su forma de ser. Estas cinco primeras etapas deberían servir de guía básica para las fases emocionales de la separación. No se trata de una lista que hay que seguir religiosamente. No necesariamente se pasa de una etapa a la otra de una forma bien definida. Por ejemplo, es posible que se sienta algo de culpa durante la etapa del dolor, o viceversa. No creas que "estás haciendo mal las cosas", si no avanzas rápida y nítidamente de una etapa a la otra. Es muy raro que alguien pase por las etapas en orden. También es importante recordar que cada persona avanza por estas etapas emocionales a su propio ritmo. No te preocupes si no está "avanzando lo suficientemente rápido". Date tiempo. Algunas mujeres pasan años en la etapa de negación, mientras que para otras esta etapa no dura más que unos cuantos días. Depende de qué tan involucrada hayas estado en la relación (desde el punto de vista emocional, físico y financiero). Ningún matrimonio es igual; por lo tanto, ningún divorcio será igual, no hay un formato definido para el modo como cada cuál se recupera.

Además, quiero también tomarme el tiempo para indicar aquí que no todos los matrimonios que van mal tienen que terminar en divorcio. Si estás contemplando la posibilidad de divorciarte, o si tienes una relación con la que no estés satisfecha, este libro puede ser una excelente herramienta. Puede ayudarte a reconocer qué debe cambiar en tu relación y ojalá, pueda orientarte para lograr que tanto tú como tu pareja sanen su relación. Si después de esforzarte por solucionar los problemas en tu relación te das cuenta que los momentos "no tan buenos" son más numerosos que los "buenos", tal vez sea tiempo de pensar en el divorcio.

Etapas de la Aceptación
Negación, ira, culpabilidad, dolor... y aceptación

Etapa I: *Negación*

Lo primero que sucede cuando el matrimonio fracasa es que se entra en un estado de negación. Debo decir que fui un muy buen ejemplo de esta etapa (o un ejemplo horrible, según el punto de vista del que se mire). En realidad, esta etapa la comencé cuando aún estaba en mi matrimonio y permanecí en ella durante mucho tiempo, diciéndome que las cosas no iban tan mal, que todo mejoraría, y que simplemente teníamos que esperar a que pasara la tormenta. En realidad así lo creía, porque teníamos algunos días buenos, y la verdad es que eran días fantásticos. En aquellos días, yo solía pensar, "Está bien, todo está perfecto. Somos como todas las demás parejas del mundo, tenemos nuestros días buenos y nuestros días malos". No quería reconocer que los días buenos eran cada vez más escasos y menos frecuentes. Simplemente no podía admitir la verdad porque de todo corazón quería creer que no íbamos dirigiéndonos hacia el divorcio. La "vida perfectamente programada" que yo había elaborado simplemente había dejado de existir, y yo negaba por completo lo que estaba sintiendo. No quería admitir el grado de dolor que experimentaba, ni que casi todos los días sentía náuseas y que me sentía a punto de derrumbarme. Eso nunca. Me convencí de que todo estaba muy bien. Estaba más que bien. Había encontrado a la persona con la que quería pasar el resto de mi vida y eso era todo —envejeceríamos juntos, ¡coño! Me permití nadar en torno a esta negación por varias razones:

Razón #1) Siempre me enseñaron a "aguantar". En el lugar donde yo crecí, nadie se divorciaba. La mayoría de las personas que conocía "aguantaban" sus malos matrimonios, sus relaciones abusivas y a los esposos infieles. "Hasta que la muerte los separe", era una afirmación que se tomaba muy en serio, y ¿quién era yo para cuestionar esas palabras? Nadie. Para bien o para mal, yo aguantaría.

Razón #2) Detesto el fracaso. Siempre fui la niña que sacaba las mejores notas y que nunca faltaba a un solo día de clases. ¡Tengo los trofeos y medallas para demostrarlo! Pero tengo el recuerdo claro de un día en el que fallé. Fue el día que nos enseñaron el teorema de Pitágoras. No pasé el examen, y hasta el día de hoy, todavía me siento mal al respecto. Y eso no era sino geometría, Dios mío, aquí se trataba de un matrimonio. No importaba lo que tuviera que hacer, esto era algo en lo que no me iba a permitir fracasar.

Razón #3) Teníamos hijos. Yo crecí en un hogar con ambos padres y quería con toda mi alma que mis hijos también lo tuvieran, que crecieran en un entorno seguro y estable. No quería negarles desde el comienzo su derecho a una familia unida. No quería fallarles.

Pensaba que estas eran razones lógicas, fuertes y, hasta cierto punto, sigo pensando lo mismo. Pero llegó un momento en el que en mi subconsciente, comencé a refutar cada una de esas razones. ¿A quién le importa lo que hayan hecho todos los demás? "Para bien o para mal... ¿y qué?". ¿No seré una mejor madre si soy una madre feliz? Todas estas eran las pseudo-mantras que me repetía para reforzar mi confianza y la seguridad en mí misma. Digo "pseudo-mantras", porque la verdad es que sólo las creía a medias. Debo admitir que mis crisis de dudas y de conciencia de mi realidad eran mucho más frecuentes y que en esos casos me refugiaba en mis razones "sólidas y fuertes". Me sentía bien con ellas. Quería creer en ellas; si lo hacía, nada tenía por qué cambiar, y no tendría que asumir la responsabilidad de lo que sucediera. ¿Notaron cómo cada una de las "pseudo-mantras" viene de una pregunta? Yo estaba muy insegura de mí misma y buscaba a alguien que me diera una respuesta. Sin embargo, estas preguntas me las planteaba a mí misma en espera del día en que tendría la fuerza suficiente para decidirme y aceptar la responsabilidad de mi propia situación.

Llegó entonces el día en el que me di cuenta que me había convertido en la sombra de la persona que una vez había sido. Me había convertido en alguien que mis amigos y mi familia habían estado intentando decirme, en términos amables, desde hacía ya varios años, pero debía ser yo la que me diera cuenta. Tenía que admitir plenamente que ya no era la mujer que había sido cuando mi ex esposo y yo nos habíamos conocido. ¿Era mi culpa? ¿Era culpa de él? En ese momento, no me importaba asignar culpas. Sólo sabía que no quería desperdiciar ni un día más viviendo como una mujer a la que casi no conocía.

¿Y quién había sido yo antes? Antes, era una persona alegre, amable, graciosa, vivaz. Tenía intereses y aficiones. Era la niña que daba las mejores fiestas, que bailaba hasta el final, y la que cantaba más fuerte. Pero después de que me casé de repente, me convertí en una muchacha que nunca daba fiestas, nunca bailaba, nunca cantaba. De un momento a otro, mi espíritu aventurero había desaparecido. Me sentía demasiado abrumada para conducir sola hasta Manhattan. De hecho, dejé de conducir del todo. De pronto, me di cuenta de que estaba pasando días enteros sin salir de mi casa, solo esperando que llegara la noche para poderme ir a dormir. Pero, en realidad, nada de esto ocurrió de repente; fue un proceso gradual del cual prácticamente ni me di cuenta. Por eso me tomó tanto tiempo despertar al fin y ver lo que había hecho con la persona que alguna vez había sido. Llevaba tanto tiempo en aquel estado de negación que no me daba cuenta de que al mantenerme en una situación poco agradable, había ido apagando mi chispa y mi espíritu, esa parte de mí que siempre había sido la que más me gustaba. Tenía una excelente amiga que me decía, "No eres la misma. Has perdido tu chispa. Puedes cambiar, Yari". No quería prestar atención entonces, pero recuerdo haberme mirado al espejo un día y haber visto una profunda tristeza en mis ojos, que antes brillaban con esa chispa de alegría. Y fue ahí cuando escuché mi propia y remota voz que me decía, "Esta no eres tú. Has perdido tu chispa. Puedes cambiar, Yari". Ese día, en ese momento, decidí que iba a prestar atención a esa voz interior, que al fin permití que me hablara. Y fue entonces cuando pasé a la siguiente etapa...

Nota de Jinny
SOBRE LA NEGACIÓN

La negación es un lugar agradable y cómodo. Es aquí donde puedes estar pensando que hay esperanza de que las cosas vayan a mejorar. Puedes estar pensando que no necesitas irte, que nada tiene que cambiar y que todo va a estar bien, que sólo hay que esperar a que pase la tormenta. Lo cierto es que te estás protegiendo de la verdad, estás protegiendo a tus seres queridos, o al menos crees que los estás protegiendo. Te estás forjando una armadura que te aísla de la verdad. Es una armadura pesada, difícil de llevar y, un día, tendrás que quitártela. Será una liberación. Podrás permitirte ver la realidad de la situación y al fin podrás respirar profundo. Pero también puede ser aterrador darte cuenta de que, sin la armadura, quedas expuesta a los juicios, al dolor y al cambio. Eso está bien. Y la verdad es que tú estarás bien. Esa armadura no te está ayudando a nada que no seas capaz de enfrentar tú misma. Ahora, libre de la armadura de la negación, serás más fuerte.

ETAPA II: *Ira*

"Aferrarse a la ira es como tomar en la mano un carbón ardiente con la intención de lanzárselo a alguien; el que se quema es uno". —Buda

La etapa de la ira asomó su horrible rostro cuando abandoné la etapa de la negación y acepté por fin la realidad de la situación. Para mí, fue como si me encontrara de pie, sola, sin armadura, esperando un mundo de dolor y juicios. Entonces, ¿qué era lo más lógico? ¡Buscar alguien a quien culpar, claro está! Y quién mejor que la persona que me había puesto en esta situación: mi ex esposo. *Todo* pasó a ser su culpa. Hizo esto e hizo aquello. Lo culpé por todo mi dolor y mi sufrimiento. Estaba furiosa.

Ahora me doy cuenta de que la ira simplemente hay que sentirla. Se siente ira porque se ha roto un sueño, por las promesas incumplidas, porque su vida parece estar destrozada. Pero si se tienen hijos, hay que procurar no expresar este sentir en su presencia. Me doy cuenta cuán fácil puede ser caer en esa trampa. Lo he visto ocurrir con demasiada frecuencia y es algo terrible. Tengo amigas que aún soportan la carga de haber escuchado a sus madres hablar horrores de sus padres sin ningún reparo. Sabiéndolo, tuve cuidado de jamás expresar mi ira frente a los niños. No quería que tomaran partido ni que se sintieran parte del problema. Para eso están las hermanas y las amigas. Esta fue la etapa en la que llamé a mi hermana y a mis mejores amigas y me desahogué, y debido a que mi hermana y mis amigas son inteligentes, simplemente se limitaron a escucharme. Eso era exactamente lo que necesitaba. No necesitaba que nadie compartiera mi ira. Si mi familia y mis amigas tenían algún rencor contra mi ex esposo, no necesitaba saberlo. Aún no necesito saberlo. Fue mi matrimonio, fue mi divorcio, por lo tanto, la única ira que tenía que procesar era la *mía* y la de nadie más.

Es probable que, en la etapa de la ira, intentes hacer que tu ex esposo parezca el demonio mientras que tú eres el ángel. Y aunque estoy segura de que eres una magnífica persona, también estoy segura de que tuviste algo que ver con la situación. Yo sé que fue así conmigo. Pero en el momento de la ira, ¡no queremos que nadie nos diga eso! Eso vendrá después. Lo que tenemos que saber es que tenemos un grupo de amigas que se *limitarán a escuchar*.

Tal vez no todas tus amigas ni todos los miembros de tu familia estén dispuestos a hacer esto. Está bien y es totalmente normal. Hubo amigas de las que me tuve que alejar por un tiempo, por más que las quisiera. Siempre habrá amigas que no saben escuchar, pero que quieren dar consejos o empezar a hablar mal de otros. Por tu propio bien, debes mantenerlas alejadas por un tiempo y frecuentar amigas y familiares que simplemente sepan escuchar. Tuve la suerte de tener personas que sabían cómo hacerlo, y ese fue el mejor regalo que pudieron haberme dado, porque creo que hizo que mi etapa de la ira fuera más corta. ¿Qué tan divertido es ser la única persona que está maldiciendo a los cuatro vientos? ¿Qué tan divertido puede ser estar furiosa todo el tiempo? Entonces, el único camino que queda es recoger sus cosas y seguir adelante.

Nota de Jinny

SOBRE LA IRA

Cuando te das cuenta de la realidad de la situación, la ira comienza a surgir, y es cierto, todo se convierte en culpar a tu ex esposo. Le echas la culpa de todo: las cosas grandes y las pequeñas. Esto se debe a que todavía no has aceptado tu propia parte de responsabilidad en la separación. Te sientes como si fueras incompetente y un fracaso, y necesitas a alguien, además de ti, a quien echarle la culpa. Adelante, cúlpalo por un rato. Un período de ira es más que necesario, y hasta benéfico. Puede ayudarte a dejar de depender y de sentirte como una víctima. Pero, aunque es necesario y útil sentir ira, también es peligroso aferrarse a ella por mucho tiempo. Puede ser autodestructora, puede significar la autoderrota, puede ser la raíz de juicios erróneos. Cuando actúas con ira, no estás actuando a nivel racional. El resultado no es sólo que te sientes terrible sino que estás actuando de una forma en la que nunca has actuado.

La ira es barata y fácil, más fácil que tomarte el trabajo de resolver tus problemas tal como se presentan, y más fácil que aceptar la responsabilidad por tu vida; sin embargo, es sólo una forma de distraerte para no tener que enfrentar tu dolor, tu miedo o tu culpa. Si te quedas estancada en la etapa de la ira, te envenenará la vida y te convertirá en una persona enferma, solitaria y amargada.

Con el tiempo, abandonarás la ira y el deseo de asignar culpas, aunque no será fácil. Puede tomar mucho tiempo, pero cada día que retengas esa ira estarás perdiendo un día de tu proceso de recuperación. Para una recuperación total, tienes que empezar a alimentar tu alma y el hecho de destrozar a otra persona no te ayudará a lograrlo. De hecho, tendrá el efecto contrario. Alimentar la ira va desgastándote poco a poco y tendrás que recorrer un camino mucho más largo hasta tu plena recuperación.

ETAPA III: *Culpabilidad*

"La culpabilidad—el don que no cesa de dar". —Erma Bombeck

Pasé por la etapa de la ira bastante rápido. Pero este no fue el caso de la etapa de la culpabilidad. Me quedé ahí mucho tiempo. En realidad, es algo con lo que sigo luchando. Hay tantas cosas por las cuales me siento culpable; y pienso que es muy natural, en cierto momento, comenzar a echarse la culpa de todo lo que salió mal y preocuparse por las implicaciones de la decisión de divorciarse. Lo sé. Mis ideas estaban totalmente revueltas y empecé a dudar de mí misma. Durante esta etapa fui mi peor enemigo. Permanecía despierta durante horas, atormentándome con incesantes preguntas relacionadas con la culpa, como:

1. ¿Fue todo culpa mía? Después de la etapa de la ira, cuando declaré que todo había sido culpa suya, caí en la trampa de pensar que tal vez todo era culpa mía. Es lo que llamo la cuestión del "debería, podría, habría". Debería haber sido más fuerte. Podría haberlo soportado un poco más de tiempo. Habría luchado por mí un poco más. Quedaba así atrapada en estos pensamientos infructuosos durante horas y horas, aunque lo cierto es que las palabras debería, podría, habría, no cambian la realidad de mi mundo para nada, no cambian las cosas tal como son ahora. Entonces, lo mejor que uno puede hacer es dejar de moverse en ese círculo de culpa y seguir adelante, algo que es más fácil de decir que de hacer, porque seguía encontrando muchas más cosas por las cuales sentirme culpable, entre ellas:

2. ¿Cómo puedo hacerle esto a mis hijos? ¿Cómo puedo privarlos de su perfecta unidad familiar? Fue difícil para mí justificar divorciarme de mi esposo, cuando había visto a mi madre permanecer en un matrimonio no muy feliz durante treinta años, todo "por el bien de los hijos". Si ella hizo ese sacrificio por nosotros, yo también quería hacer el sacrificio por mis hijos. Pero me tomó un tiempo darme cuenta que al sacrificarme así también estaría sacrificando el tipo de madre que quería ser. Quería ser una madre feliz, divertida, que estuviera ahí cien por ciento para sus hijos. Me di cuenta de que tal vez sería mejor para todos si mi esposo y yo nos separábamos y, en lugar de ser unos padres disgustados e infelices viviendo en la misma casa, pudiéramos ser unos padres tranquilos y felices viviendo a millas de distancia el uno del otro. Pero sentí una gran culpabilidad antes de que pudiera darme cuenta de que no estaba "privando a mis hijos de su perfecta unidad familiar", porque era esa sensación de que yo les estaba "quitando a su padre", lo que me hacía sentir más culpable. Me preguntaba:

3. ¿Cómo le puedo quitar la figura masculina del padre a mis hijos? Debido a que tenía dos hijos, sentía una enorme culpa de saber que les estaba quitando la figura masculina en sus vidas. Todavía lucho contra este sentimiento de culpa y me esfuerzo constantemente por servir tanto de figura de madre como de figura de padre en sus vidas diarias. Mi sensación de culpa era tan fuerte que hice toda clase de locuras por tratar de sentir menos miedo y ser más un "padre" para ellos. Aprendí a no "gritar como una niña" si veía una lagartija (el animal al que más miedo le tengo). Dejé de ver películas de terror para no asustarme con los ruidos nocturnos. Me aprendí los nombres de todos los personajes de la *Guerra de las galaxias* y aprendí a jugar videojuegos (aunque todavía lo hago muy mal). Ahora éramos sólo nosotros tres, y sabía que tenía que desempeñar las funciones de las que normalmente se encargaría mi esposo, por lo tanto todavía estoy más que consciente de ser padre y madre a la vez. Me di cuenta de que soy una de las únicas madres de las Ligas Pequeñas que se concentra en los juegos y no en su BlackBerry. Yo soy la que grito, "Oye, ¡deja de jugar con el pasto! ¡Presta atención! ¡Ojo a la pelota!" (Aunque pienso que esto puede tener menos que ver con el hecho de ser divorciada y más con el hecho de que soy de Puerto Rico, donde simplemente *no jugamos* con el pasto durante los partidos de béisbol).

¿Cuánto dura este sentimiento de culpabilidad? Me entantaría poder decir que sé cuánto dura porque ya lo superé, pero debo ser franca y decir que hasta el día de hoy, me siento culpable. Es un sentimiento que viene y va. Puedo estar teniendo un gran día, puedo estarme sintiendo que estoy en la cima del mundo, hasta que hay alguna actividad en el colegio que simplemente me hace recaer. Veo a los demás niños que están entusiasmados de ver llegar a sus padres y a sus madres que toman fotos y videos del evento o la obra. Y estoy yo allí. Hecha un desastre. Dos cámaras, un enorme bolso con todas mis cosas, un CD adicional y una batería para la cámara de video, chips de repuesto y baterías AA para la cámara de fotos instantáneas. ¡Sólo puedo hacer una cosa a la vez! Me siento tan culpable, porque siento que nos falta la parte "normal", y eso es porque yo la deseché. Sin embargo, debo decirme que la definición de lo que es "normal" ha cambiado. Tengo que creer en eso. Sin cesar, tengo que recordar que no separé a mis hijos de su padre, sino que me separé de mi esposo, y que eso es lo mejor para todos. No quiero decir que el divorcio sea la solución. Hicimos todo lo que pudimos para que nuestro matrimonio funcionara, sólo que no lo logramos. Ahora sé que esta es mi vida, y que el hecho de tener que desenvolverme con dos cámaras es lo "normal" para nosotros. Después de unos años de práctica, debo decir que ahora tomo unas fotografías increíbles.

Nota de Jinny

SOBRE LA CULPABILIDAD

Es totalmente natural empezar a culparse por todo. Empezarás a creer que todo el divorcio fue culpa tuya. *No fue así.* Lo prometo. No es posible que todo un divorcio sea culpa de una sola persona. Así como son dos los responsables de una relación estable, son dos los responsables de una relación inestable. Dicho esto, no es fácil entenderlo cuando se está en medio de un divorcio, y lo más probable es que pases demasiado tiempo culpándote por cada cosa que "podrías, deberías, habrías" hecho de manera diferente.

Por lo general, es durante esta etapa que sobreviene la depresión. Estás atorada en este ciclo de culpa, y comienzas a dudar de tu personalidad y de tu capacidad para llevar tu vida. Necesitas recordar que antes que nada, eres una buena persona. Que eres divertida, atractiva, inteligente y amable. Pero, más importante aún, que eres digna de ser amada y que nunca lo has dejado de ser. Encuentra a alguien a quien puedas hablarle y que se limite sólo a escuchar. Es posible que tengas la suerte de contar con una persona así en tu vida, de lo contrario, busca a una terapeuta o a una consejera. El simple hecho de expresar tus sentimientos te ayudará a ver que no todo fue tu culpa ni tampoco culpa de él. La realidad es que tu relación ha cambiado y ahora tú eres lo suficientemente fuerte e inteligente como para darte cuenta de que ya no es un matrimonio sano.

ETAPA IV: *Dolor*

"Porque, después de todo, lo mejor que se puede hacer cuando llueve es dejar que llueva". —Henry Wadsworth Longfellow

Nunca antes había entendido el dolor que produce un divorcio. Todas esas rupturas dramáticas, novios que vinieron y se fueron, no fueron nada comparado con esto. Esta vez había construido una vida juntos, con dos niños, y había hecho planes para el futuro con este hombre. Escogimos los muebles, establecimos tradiciones y fundimos totalmente nuestras vidas. Estaba previsto que duraría para siempre, y así era como iba a ser, de eso estábamos absolutamente convencidos. Pero entonces, cuando nuestra relación comenzó a derrumbarse y tomamos la decisión de divorciarnos, fue como si el mundo entero me hubiera caído encima. Quedé atrapada bajo los escombros y no podía imaginar la forma de salir de ahí. Por mucho, mucho tiempo, permanecí ahí, aturdida y triste, y profundamente desecha. ¿Ahora qué? Todos mis sueños, esa hermosa historia de amor, todos mis planes para el futuro, estaban destrozados, dispersos a mi alrededor. Mi dolor era demasiado profundo como para saber por dónde comenzar a recoger los pedazos. Una parte muy egoísta de mí ni siquiera quería intentarlo.

Puedo decir, con toda franqueza, que, en ese momento, era otra persona. Mis prioridades eran un caos absoluto, mi vida estaba de cabeza y, por lo tanto me limité a sentarme (o a acostarme, según la hora del día) y a expresar a gritos mi dolor. Tal vez esto parezca una espantosa pérdida de tiempo, pero no crean que habría podido sanar plenamente si no me hubiera permitido *sentir* ese dolor. En mi opinión, fue un capítulo necesario —aunque poco glamoroso— de mi recuperación. Lloraba a todas horas, en donde estuviera, y me olvidaba de comer (¡el divorcio es una forma excelente de adelgazar!), quedándome en pijama durante días. Mis piernas no volvieron a ver una afeitadora durante semanas. Algunos días me limitaba simplemente a mirar al techo y a pensar en mi dolor, y entre más lo hacía, más me hundía en él. Por extraño que parezca, sentía que cada día que me dejaba sumergir en ese dolor era necesario, tal como lo fueron los días que dediqué a sentir ira. Son etapas que no se pueden evitar, son indispensables para entender las otras etapas menos deprimentes. Sólo hay que poner un pie delante del otro y saber que algún día todo esto nos hará reír. Bueno, no todo, y no por algún tiempo, pero ¡les prometo que algún día te vas a reír de ti misma! Hace unos días, saqué mi vieja libreta de apuntes y comencé a reír al ver el dramatismo de lo que había escrito. El constante estribillo era, "¡¿Cómo voy a hacer para seguir viviendo?!". Sé que en ese momento me estaba sintiendo la persona más infeliz del mundo, pero ahora, que estoy tan feliz, casi no reconozco a la persona que escribió las palabras tan dramáticas que están en esa libreta.

Nota de Jinny

SOBRE EL DOLOR

El dolor puede parecer la peor parte de todo esto, pero es en realidad la más útil. No intentes rechazar ni huir del dolor. Hay que pasar por él para poder sanar. Si rechazas tu dolor al comienzo del divorcio, éste te alcanzará más tarde con toda su fuerza. El hecho es que has sufrido una pérdida, y como cualquier otra pérdida, tiene que haber un período de duelo. Te estás despidiendo de una parte muy importante de tu vida, y el

> **dolor, el llanto y el sufrimiento son el reconocimiento de esa realidad.**
>
> **Acepta el dolor, sopórtalo y escúchalo. Si lo haces, todo seguirá su curso y sanarás más pronto. El darle tiempo al dolor te conducirá hacia tus soluciones. Te dará la energía para cambiar y crecer. Y, lo más importante, te hará más** fuerte.

ETAPA V: *Aceptación*

"*La felicidad sólo puede existir en la aceptación*".
—Denis de Rougamont

La aceptación. Esa etapa que nunca creí que fuera posible. Todos me repetían, "Ya lo superarás. Ya lo superarás". Y yo pensaba una y otra vez, "Ay, ¿por qué no se callan? ¿Qué saben de esto?".

Pero ese no es un buen argumento cuando todos los que están alrededor han pasado por un divorcio, tienen a una amiga o a un familiar que se ha divorciado, o han sido asesores en casos de divorcio. ¿Era acaso posible que sí tuvieran idea de lo que estaban hablando? Sin embargo, al comienzo, no estaba dispuesta a ver lo que ellos me estaban diciendo. Por lo tanto, me limitaba a sonreír con amabilidad y seguía pasando por esas otras cuatro etapas, en las que creí que me iba a quedar para siempre.

Hay algo extrañamente tranquilizante en el hecho de pasar por las distintas etapas de culpa, ira, negación y dolor. En cada una de estas cuatro etapas, uno puede actuar como víctima indefensa y permanecer así, lo cual hará que todos se compadezcan. Tu otra opción es desempeñar el papel de heroína y permanecer fuerte mientras que todo el mundo te admira. Creo que yo me encontraba en algún punto medio, entre el papel de víctima y el papel de heroína. Lo que me aterra es la facilidad con la que hubiera podido quedarme en el papel de víctima. Conozco mujeres que han pasado toda su vida en el papel de víctima y nunca llegaron realmente a la etapa de aceptación; pienso que esas mujeres todavía no han encontrado la verdadera felicidad. También he visto mujeres que nunca han desempeñado el papel de víctimas. Permanecieron fuertes y decidieron ser su propia heroína desde el primer día. Me parece que esas mujeres siempre terminan siendo más felices que las víctimas. De estos dos grupos, las víctimas y las heroínas, aprendí algo muy valioso. Debía tomar una decisión. ¿Quería ser una heroína feliz o una pobre víctima? La decisión parece muy fácil cuando la vemos así por escrito. ¿Heroína feliz o pobre víctima? Uno elige "heroína feliz" cada vez que lo ve escrito, sin embargo, en la vida real, la "pobre víctima" puede llegar a ser una elección muy cómoda, sobre todo ciertos días. Todos se compadecen de la pobre víctima. La consienten, le preparan sus platos favoritos y no la critican por quedarse en cama todo el día viendo películas de Audrey Hepburn (al menos, creo que no lo hacen). Sin embargo, con el tiempo, después de meses de negación, ira, culpa y dolor me cansé de que me compadecieran, me cansé de estar triste y me cansé de estar siempre cansada. Me había agotado, estaba hastiada de ver las mismas películas y había agotado mi colección de DVDs de Audrey. Cuando me di cuenta que me sabía de memoria todo el guión de *Desayuno en Tiffany's, Funny Face, Roman Holiday, Charade* y *Mi bella dama*, pensé, "Bien, tal vez sea la señal de que ya me he compadecido lo suficiente de mí misma". Me salí de la cama, admití lo que realmente estaba sucediendo, le dije a Audrey que debíamos dejar de vernos por un tiempo y empecé a mirar hacia adelante.

"Lo más importante es disfrutar la vida —ser feliz— es todo lo que importa". —Audrey Hepburn

Nota de Jinny

SOBRE LA ACEPTACIÓN

Esta etapa, aunque es la más difícil de todas, será la que te liberará. Por lo general, la fase de la aceptación no es una época de felicidad y celebración. Es simplemente una época en la que se enfrenta el divorcio en toda su realidad. Al fin se abandona la esperanza de que todo se podrá arreglar y todo saldrá bien.

Es aquí donde estarás lista para tomar control y seguir adelante. Es el momento en el que estarás dispuesta a "cambiar tu filtro" por así decirlo. La idea es que, en la vida, creamos un filtro para manejar las situaciones a las que nos enfrentamos. Cuando todo está normal, el filtro está limpio y cuando las cosas no van bien, el filtro se atasca, y se hace difícil respirar. El día en que decides cambiar el filtro es el día en que aceptas la realidad de la situación. Dejas de ser la víctima, puedes abandonar el resentimiento y *ser feliz*. El ambiente comenzará a despejarse y empezarás a respirar mejor.

Tienes el futuro por delante. Los buenos tiempos con tu pareja, y los no tan buenos, pertenecen al pasado. Aunque siempre habrá un lugar en tu corazón para esa relación, dejará de ser lo que define tu vida —y eventualmente dejarás de añorar el pasado. Ahora lo que importa es el futuro.

"La esperanza es lo último que se pierde". —Proverbio español

Las herramientas

Herramientas para
avanzar por
las distintas etapas

"La más grande obra de Dios fue
haber creado un día después de otro".
—*Proverbio puertorriqueño*

El *sol continuará* con su detestable costumbre de salir todas las mañanas, porque no tiene compasión con quienes se sienten infelices. Recuerdo que me despertaba con todo su molesto calor, rogándome que hiciera algo con mi día, que me acercara más a la gran meta de la aceptación total. Pero, ¿cómo? Esa era mi pregunta. Pero el sol nunca respondía, simplemente seguía saliendo día tras día, obligándome a encontrar mis propias respuestas. Día a día, fui descubriendo que cada una de las etapas que Jinny me había descrito era normal y necesaria; sólo tenía que dejar que fueran llegando para enfrentarlas, una a la vez. Parece una locura, pero realmente empecé a disfrutar del proceso y del dolor, porque me daba cuenta que significaba que estaba sanando. Con el tiempo, empecé a reconectar mi ser emocional con mi ser físico y a establecer diez "herramientas" o "mantras" que me ayudaron a avanzar por las distintas etapas a mi propio ritmo, sin quedarme estancada... y sin maldecir el sol cada mañana.

Estas son mis diez herramientas; puedes robarte algunas, añadir otras, o quitarlas si no te gustan:

1. Tomar siempre el camino más digno
2. ¡Deja de lamentarte!
3. Llorar
4. Reír
5. Confiar en los demás
6. Tenerse confianza
7. Respetar a tu ex
8. Comprometerte
9. Creer que la vida es justa
10. Disfrutar la vida

Tal vez estas herramientas parezcan simplistas e idealistas, pero puedes creerme que me tomó mucho tiempo definirlas y me tomó aún más tiempo utilizarlas todas (está bien, tal vez todavía me esté esforzando por utilizar una o dos). Me di cuenta que si me mantenía fiel a estas mantras, me sentiría mucho mejor.

1. Tomar siempre el camino más digno

"No se puede construir felicidad a cuenta del sufrimiento de otro". —Proverbio puertorriqueño

El camino más digno no siempre es el más fácil. Hay otro camino más abajo, en el que se puede lanzar lodo y nadie nos detendrá. La mayoría de las veces, habrá otra gente que se nos unirá. Muy pronto decidí que no quería tener nada que ver con esa pelea sucia y esas conversaciones sin sentido. Yo nunca podría hablar mal del padre de mis hijos. Sólo por el hecho de que hayamos decidido separarnos no significa que tenga que odiarlo o perderle el respeto que le tengo. Aún cuando los niños no están, cuando están en el colegio o donde un amigo, no lo permito. Me niego a permitir que en mi casa se haga cualquier comentario negativo sobre mi ex esposo. No quiero que mis hijos tengan percepciones negativas de su padre. Mis amigos y mi familia lo saben y respetan mi deseo. Me he esforzado mucho por crear un ambiente seguro y sano para mis hijos y al hacerlo, he creado también un ambiente seguro y sano para mí.

Me doy cuenta de lo fácil que es llenar los días con comentarios negativos sobre el ex esposo. Es posible que ese resonante coro de amigos y familia que dicen cosas terribles acerca de él y cosas maravillosas de uno, nos de una sensación de reafirmación. Pero, por más tentador que parezca, no quiero oírlo. Bueno, tal vez sí quise oírlo, una o dos veces, al comienzo, pero en lo más hondo de mi alma sabía que nunca me haría aceptar lo que pasó. Sabía que sólo podría volver a ser feliz cuando estuviera en paz con mi ex esposo, pero, aún más importante, cuando estuviera en paz conmigo misma. ¿Cómo podía estar en paz si constantemente estaba tratando de desacreditar a otra persona para reafirmarme? He visto mujeres que pierden horas, días, la vida entera, hablando mal de sus ex esposos. Siempre les he tenido lástima, porque, piensen lo que piensen, sé que están estancadas en un lugar deprimente y de dolor. Cualquiera que sea el número de chismes, estos no les permitirán salir de allí.

También he visto mujeres que saben recoger los pedazos con elegancia, manteniendo sus cabezas erguidas mientras siguen avanzando con dignidad. Son las mujeres que siempre he admirado, por lo tanto, me propuse seguir su ejemplo.

Nota de Jinny

SOBRE TOMAR EL CAMINO MÁS DIGNO

Esto no siempre es fácil, sobre todo cuando tu ex pareja no sigue las reglas, o si hay personas que hablan mal de ti. De cualquier forma, tienes que ser amable. No importa cómo actúen los demás, te sentirás mucho mejor cuando sigas tu camino convencida de que actúas como la persona más digna, la más fuerte y la más madura a lo largo del divorcio. Si tomas ese camino por suficiente tiempo, verás cómo todos a tu alrededor querrán tomar ese camino contigo.

2. *¡Deja de lamentarte!*

"Si se pone cara al sol, la sombra caerá detrás de usted". —Proverbio maorí

Tuve suerte, porque vengo de una familia en la que no miramos atrás —sólo hacia delante. Esa es la bendición de venir de orígenes humildes, uno comprende lo inútil que es decir, "Qué hubiera pasado si...". En cambio, uno aprende a decir, "Bien, así es la vida. Sigamos adelante". Cuando era más joven, recuerdo que, en un determinado momento, mi familia tuvo que declararse en quiebra. Pero por más dramático y asustador que parezca, y por más sorprendente que sea, no recuerdo que haya sido un evento tan devastador. Fue simplemente la realidad de la situación. Nadie se dejó llevar por el dramatismo, ni se preocupó. Todos lo tomamos con esa actitud de "Está bien, así es la vida. Sigamos adelante". Eso no quiere decir que no nos diéramos cuenta de la gravedad de la situación, pero una vez pasó todo, comprendí lo fuertes que éramos y supe que nada iba a destruirnos como familia. En todo ese tiempo, me sentí muy segura y a salvo. Entonces, con cada decisión que tomé y cada paso que di en mi divorcio, procuré mantener presentes esas ocho palabras.

No diré que no haya tenido días en los que haya mirado hacia atrás con tristeza, entrando sin remedio en este territorio de "si tan sólo sólo hubiera...". Sin duda tuve esos días, por más que tratara de reprimir esas inútiles palabras. Lamentarse es algo natural. No he debido mostrarme tan complaciente. No he debido renunciar a mis sueños. No he debido dejar a un lado mi profesión. Así podríamos continuar sin fin, deseando no haber dicho ciertas cosas, no haber hecho ciertas otras, no haber tenido ciertas discusiones, inclusive no haber tenido ciertos días. Pero todos sabemos que así no son las cosas. No se puede deshacer el pasado, pero sí se puede aprender de él. Aprendí a convertir todos mis "lamentos" en "resoluciones".

Lo que más lamentaba era no haber dicho lo que pensaba con más frecuencia durante mi matrimonio. Permití que otros tomaran decisiones por mí —no sólo mi esposo, sino mis amigos y los miembros de mi familia también— desde a dónde iríamos a cenar hasta qué veríamos en la televisión o dónde pasaríamos la Navidad. Yo aceptaba lo que dijeran los demás. Sin embargo, en el momento de mi divorcio, sí pude tomar la decisión de no dejar que eso volviera a ocurrir. Si bien lamentaba haber sido demasiado tímida emocionalmente, he resuelto ahora ser una persona decidida, que expresa lo que siente, porque me he dado cuenta de que reprimir lo que uno piensa y desea sólo resulta en frustraciones acumuladas, e incluso tristeza. Esa no es la persona que quiero ser. Hoy día soy yo quien decide a dónde ir a cenar, qué ver en la televisión y dónde pasar la Navidad.

Nota de Jinny

SOBRE NO LAMENTARSE

Reconoce que tu matrimonio no fue un error —fue una experiencia de aprendizaje. Está bien mirar hacia atrás de vez en cuando y recordar dónde estabas y hacia donde vas, sentirte orgullosa de cuánto has avanzado desde el primer día de tu divorcio. Ten por seguro que con cada dificultad has aprendido algo nuevo sobre ti misma. Nunca mires hacia atrás pensando, "Si tan sólo me hubiera abstenido de tomar este camino" o "Si no me hubiera casado" o "Si hubiera sido más fuerte, más sabia o más decidida". "Si hubiera" es la expresión de los indefensos, los débiles, los atemorizados. Y tu, mi amiga, no lo eres. ¡Mira cuánto has avanzado! Tienes tu vida en tus manos, y todo un futuro por delante para convertirte exactamente en lo que siempre has deseado. Puedes ver esto como un fracaso o como un nuevo comienzo y es esto último lo que te hará sentirte mejor contigo misma. Por lo tanto, cuando te encuentres lamentando el pasado, convierte cada "si hubiera" en un "lo haré".

3. *Llorar*

"Deje correr las lágrimas.
Déjelas que rieguen su alma". —Eileen Mayhew

Muéstrenme una mujer que no haya llorado después de un divorcio y les mostraré una mujer que no ha sanado. No importa cuáles sean las circunstancias del divorcio. Si fuiste tú quien lo pediste, si fue él o sea lo que sea, debes permitirte llorar. El divorcio es de cierta forma una pérdida y por lo tanto requiere de un duelo. Nos estamos despidiendo de una vida y de una persona, por buena o mala que haya sido esa vida, por buena o mala que haya sido esa persona. Es un adiós largo y definitivo, y eso nunca es fácil.

Seré franca. Lloré mucho. Lloré hasta que se me secaron las lágrimas, tenía los ojos hinchados y me dolía la cabeza. Y aunque parezca extraño, ¡era una sensación agradable! Después de llorar un buen rato, siempre me sentía mejor. A veces, inclusive, creaba mi propio soundtrack. Escuchaba una canción triste o veía una película de esas que parten el alma, y me permitía llorar. Me volví un poco masoquista. Inclusive me sentaba y miraba todas las fotos de nuestro álbum de boda. Las fotos de las vacaciones, las navidades, los embarazos... Tal vez no haya sido la mejor idea, ¿por qué no? ¡Me desahogaba por completo! Disfrutaba de cada segundo, porque sabía que tenía que pasar por eso, que me haría sentir mejor. Habría podido ocultar mis sentimientos, habría podido empezar a salir antes de estar lista, y mantenerme ocupada con otras actividades, pero ¡no! Decidí llorar y desahogarme para poder experimentar hasta la última gota de dolor y para luego poder continuar.

Recuerdo el día exacto, el momento preciso en el que decidí que dejaría de llorar —o al menos que dejaría de hacerlo con tanta frecuencia. Estaba sentada en mi cama, a mitad de la tarde, y Jinny estaba con Cristian en la otra habitación. Acababa de empezar a llorar, estaba en la mitad de la sesión de llanto, o apenas había terminado de llorar. Oí los pequeños pasos de mi hijo de tres años e hice todo lo que pude por calmarme antes de que llegara al lado de mi cama. No lo logré. "¿Estás llorando otra vez?" preguntó. Me miró, preocupado, con la misma expresión con la que yo lo miraba cuando estaba triste, y repitió las palabras que yo le decía con tanta frecuencia, "No llores... todo va a estar bien... ¡muy bien!" Y con esas palabras, todo cambió. Fue como si me hubiera enlazado.

Ahí, en ese preciso momento, me di cuenta de que mi niño tenía razón: Todo iba a estar bien. Tenía dos hijos preciosos, que me necesitaban, y el hecho de tenerlos era el único aspecto realmente importante de mi vida. Todo lo demás iba a estar muy bien.

Nota de Jinny

SOBRE EL LLANTO

Date permiso para llorar; siempre te sentirás mejor después. Llorar es una reacción normal típica y emocional, y aunque no lo creas, te ayudará a sanar. Los sentimientos que se experimentan durante momentos traumáticos son tan duros que el cuerpo no los puede soportar. El llanto es una reacción y un comportamiento que ayuda a entrar en contacto con la realidad de la situación. Es un proceso en el que conectas tu mente y tu ser emotivo con tu ser práctico. Suele presentarse durante el proceso de aceptación, cuando al fin te das cuenta de que el divorcio es algo que está ocurriendo y que no tiene remedio. Hay muchas razones por las que tu reacción es llorar. Por ejemplo, el temor que sientes ante ese nuevo cambio en tu vida, el dolor que te causa pensar que la persona a la que tanto quisiste no volverá a estar más a tu lado, o el sentimiento de pérdida. Cualquiera que sea la razón, debes aceptar la realidad de la situación y debes empezar a pensar en tu futuro y en el futuro de tu familia. El llanto te ayudará a experimentar ese dolor y a iniciar el proceso de sanación.

4. *Reír*

Llorar es mucho más fácil que reír. Es una reacción más natural, más frecuente, y menos forzada. Reír es algo en lo que hay que trabajar. Pero se logra. Ríete de ti misma, porque, admítelo, has hecho algunas locuras... ¡y también algunas cosas ridículas! O al menos eso hice yo. Hacer locuras hace que sea más fácil después reírse de uno mismo. Cuando ya el divorcio fue un hecho, recuerdo haber buscado mi velo de novia, ni siquiera sé para qué lo quería, pero recuerdo que me molestó mucho no haber podido encontrarlo. ¿Cómo es posible que alguien pierda un velo de siete metros de largo? Pero la mejor pregunta es, ¿por qué me importaba que se hubiera perdido? ¿Qué pretendía hacer con él? ¿Dárselo a una institución de caridad? ¿Convertirlo en un disfraz de halloween? ¡Qué tonta! (Pero, en serio, espero que, de verdad, se haya podido convertir en un buen disfraz de halloween. ¡Era tremendo velo y merecía una segunda vida!).

Y si realmente quiere saber hasta qué punto llegó mi locura, le contaré algo que fue lo que más me hizo reír. Cuando mi ex esposo y yo nos casamos, tuvimos una ceremonia civil, espontánea, en Las Vegas. Y a decir verdad, Las Vegas no era parte de mi plan. Yo fui una adolescente que soñaba con su vestido de novia, la forma como estaría arreglada la capilla y hasta cómo me iba a peinar. Pero ahí estaba, en una suite en un hotel en Las Vegas, luciendo un vestido de boda nada tradicional, y, peor aún, tenía el pelo rizado. ¡Mi pelo no debería estar rizado! Y ese es el pequeño detalle que me hizo estallar en carcajadas —no el hecho de que me estuviera casando, sino ¡que lo estuviera haciendo con el pelo rizado! El que pronto sería mi esposo me miró y dijo, "¿Qué sucede?". Puedo jurar que estuve a punto de suspenderlo todo porque no me había alisado el pelo. Dos años después, en Puerto Rico, renovamos nuestros votos en una impresionante ceremonia que se asemejaba más a la que me había imaginado cuando era adolescente (es aquí donde entra en escena en velo de siete metros) y, puede creerme, me aseguré de tener el pelo tal como lo quería. Un año después, nos separamos y después nos divorciamos. Entonces, ¿tal vez tener el pelo perfecto no sea la clave para la felicidad marital? Sin embargo, reírse de las propias locuras puede ser la clave para la felicidad postmarital. Es lo que, eventualmente, ayudará a que nos levantamos del sofá, nos miremos al espejo y nos demos cuenta de que, tal vez, sólo tal vez, sería buena idea lavarse ese pobre pelo que tanto nos obsesionó en su momento...

Reírme de todo lo que en un determinado momento me había parecido tan grave e importante ha sido para mí el mejor de los remedios. Cuando estamos bajo estrés, tristes o preocupadas, tenemos tendencia a exagerar las cosas, y aún el más mínimo detalle (el peinado, el velo) se convierte en algo monstruoso. Reírse de todo eso, de todo lo que alguna vez nos pareció importante pero que ahora ha perdido todo sentido o lógica, es la mejor forma de liberarnos. Cuando hay algo de lo que nos podamos reír, significa que es trivial y, por lo tanto, más fácil de superar.

Nota de Jinny

SOBRE LA RISA

Aunque no es fácil, cualquiera que sea el estado en el que te encuentres, procura pensar en los buenos tiempos que tuviste con tu pareja. Esto te ayudará a dejar de culpar a la otra persona y a aceptar la realidad de la situación. Te ayudará a entender que éste es un momento en

⌒‿

el que hay que pensar y que, aunque es difícil de imaginar, todo saldrá bien. Hay que encontrar formas viejas y
nuevas de reír y disfrutar la vida. La risa te ayudará a ver
la luz al final del túnel y a tener esperanzas en tu nueva
vida y en tu futuro.

5. *Confiar en los demás*

Es signo de fortaleza saber cuándo confiar en los demás. No es el
momento de actuar con orgullo y pretender que lo puedes hacer
todo sola. No puedes y no debes. Pero esta es la clave: Tienes que
poder discernir lo suficiente como para rodearte de amigos y parientes que tengan una actitud positiva. No necesitas personas que
te digan lo que debe hacer o que se dediquen a hablar mal de tu ex
esposo. Necesitas amigos y parientes capaces de animarte cuando
estés deprimida y de hacer las cosas por ti, cuando no estés en condiciones de hacerlas.

   Mi equipo de apoyo está formado por:

Mami y Jinny: A veces estaba tan vulnerable que ni siquiera tenía
fuerzas para ser la madre que mis hijos merecían. Sabía que así
era y tuve la suerte de contar con mi mamá y mi hermana para
que me ayudaran; siempre estaban ahí para reemplazarme en lo
que no podía hacer. Tenían la paciencia y la fortaleza para cuidar
de mis hijos cuando no podía hacerlo yo. Además, como ya saben,
confiaba en Jinny para que me ayudara con mi terapia.

Mi cuñado José: José fue una figura paterna asombrosa para mis
niños cuando me sentía tan culpable de haber puesto su mundo
patas arriba. Ver a José con mis niños me hacía sentir menos culpable, porque me daba cuenta de que hay muchos tipos de figuras

paternas. Su tío José siempre será uno de sus principales ejemplos; me he esforzado mucho por introducir otras figuras masculinas en sus vidas que cumplan las normas establecidas por José.

Mis hermanos: Mis dos hermanos estaban en Puerto Rico en el momento de mi divorcio, pero siempre que los llamaba me hacían reír apenas empezábamos a hablar. Tenían esa facilidad de ponerlo todo a perspectiva, como suele ocurrir con los hermanos mayores.

Mi papá: Sólo escuchar su voz por el teléfono me hacía sentir como si pudiera desahogarme y llorar cuanto quisiera. Pobre hombre, no intentó detenerme, simplemente me dejó llorar. Me sentí muy bien de poder hacerlo y saber que me estaba permitido, porque mi papá era lo suficientemente fuerte como para limitarse a escuchar.

Mis amigas: Tener amigas con quien salir de compras, tomar un café, o ir al gimnasio fue algo muy necesario para mí. Sólo quería hablar, salir de la casa, no hablar para nada del divorcio durante esos momentos, olvidándome de todo.

Nota de Jinny

SOBRE CONFIAR EN LOS DEMÁS

En situaciones así, todos quieren hacernos sentir mejor; sin embargo, a pesar de sus buenas intenciones, a veces no pueden darnos lo que necesitamos. Hay que tener en cuenta cómo las personas nos hacen sentir y asegurarse de rodearse de parientes y amigos en quienes podamos confiar para que nos ayuden a avanzar y nos apoyen durante todas las etapas. Por ejemplo, si tienes una muy

buena amiga que no deja de hablarte de lo horrible que
era tu ex esposo, y te mantiene toda la tarde en un ambiente de chismes y comentarios negativos, fíjate bien
en lo que esto te produce. ¿Realmente te sientes mejor
después de que tu amiga se va y te deja allí pensando
en todo lo que dijo, haciéndote recordar por enésima
vez los malos momentos? Lo dudo. Ten cuidado y piensa
que esto no te ayudará a avanzar en tu recuperación. No
quiero decir que no puedas pasar tiempo con ella ni salir
a tomar un café, o ir de compras con esa persona, pero
establece las reglas desde el principio. Díle, "No hablemos de mi divorcio ni de mi ex esposo. Estoy contigo y
quiero divertirme y no pensar en nada de eso".

Debes tomarte el tiempo para identificar a aquellas personas que te ayudarán, y está bien ser un poco
egoísta. Tienes que tener en cuenta ante todo qué es lo
que más te conviene. Recuerdo, por ejemplo, que cuando
entré en trabajo de parto y sabía quién me iba a ayudar
a pasar por esto (mi hermana) y quién me iba a hacer
las cosas más difíciles (mi madre). Quiero a mi mamá
con toda mi alma, pero, cuando se presentó una com-
plicación en mi trabajo de parto, ella entró en pánico y
comenzó a llorar, y yo sabía que eso no iba a mejorar las
cosas. Miré a Yari que estaba allí tranquila, sosteniendo
mi mano, y sin hablar, me limité a mover los labios di-
ciéndole "Llévatela". Yari soltó mi mano, puso un CD de
música suave, llevó a mi madre al corredor y regresó a
mi lado. Quiero a mi madre y a Yari en la misma medida,
pero estaba aguantando mucho dolor y necesitaba pensar
primero en mí. Eso *está permitido*. Cuando se tiene do-

lor, es un momento en el que hay que pensar primero en uno para poder soportarlo.

Elije bien las personas a las que puedes recurrir y asegúrate de escoger a la persona correcta para cada momento. No significa que no quieras a tus amigas. Sólo que hay algunas que serán más capaces de brindarte apoyo y orientación que otras, y son ellas a las que debes recurrir. Recuerda, es el momento de ser un poco egoísta y de buscar exactamente lo que necesitas.

6. *Tenerse confianza*

"Confíe en usted. Sabe más de lo que cree". —Dr. Spock

La verdad creo que tomé unas buenas decisiones cuando pasaba por el proceso de mi divorcio, aunque no sé cómo lo hice. Tal vez fue suerte de principiante. Pero, más que nada, creo que fue porque confié en un profundo instinto. Creo que mi subconsciente me llevó a tomar muchas decisiones, porque lo que sí sé es que mi mente consciente no estaba en capacidad de juzgar las cosas con claridad. Estaba caminando a oscuras, pero siempre supe que sería yo quien iba a decidir lo que sucedería durante mi divorcio. Habría sido más fácil dejar que todos a mi alrededor me dijeran qué hacer. Supongo que habría sido más fácil seguir sus consejos. Pero si hubiera elegido ese camino, estoy segura de que ahora me arrepentiría de haberlo hecho.

Por ejemplo, uno de los "consejos útiles" que recibía una y otra vez era "sácale todo el dinero que puedas". "Pero ¿a qué costo?", les preguntaba siempre. Creo que la decisión más inteligente que tomé durante mi divorcio fue ser justa en los procedimientos, por tres razones:

1. No quería establecer una relación tóxica con mi ex. Lo último que quería era que termináramos de enemigos. Es el padre de mis hijos, y creo que no hay forma más segura de crearse un enemigo que entrar en interminables batallas legales por dinero, propiedades, automóviles, etc.

2. Dedicar horas sin fin a discusiones legales sobre dinero, casas y automóviles es un costo enorme en tiempo y dinero, que prefería dedicar a mis hijos y no a mis abogados. Por lo tanto, mi ex esposo y yo decidimos pasar por alto las discusiones y llegar a acuerdos equitativos. Sabía, en mi corazón, que nunca me sentiría bien exigiéndole un arreglo por una suma de dinero exagerada. Puesto que tenemos en común a nuestros dos hijos, la relación entre mi ex esposo y yo tendrá que continuar por siempre. Por consiguiente, no quería empezar con una sensación de resentimiento y odio, por mucho dolor que estuviera experimentando en ese momento. Debíamos llegar a un acuerdo justo que nos dejara satisfechos a ambos.

3. Puedo ganar mi propio dinero, muchas gracias. Pedí lo que consideré como una cifra justa para poder arrancar de nuevo y darles a mis hijos una vida cómoda. No necesitaba una suma exagerada de dinero ni cheques mensuales para la alimentación de los niños. Tenía que volver a trabajar para demostrarme que podía ganarme la vida y mantener a mis hijos.

Nota de Jinny

SOBRE TENERSE CONFIANZA

Debes entender que todos somos grandes fuentes de energía, que nuestro trabajo es encontrar la felicidad en esta vida. Tú eres lo suficientemente fuerte e inteligente como para comprender que, si permaneces casada, tu felicidad ya no será posible. El hecho de que, tal vez, "el amor de tu vida" no haya estado destinado a permanecer contigo por siempre no significa que no puedas confiar en tí misma. El divorcio es una experiencia que destruye la confianza y es probable que empieces a dudar de tus decisiones. Esto es absolutamente normal; sin embargo, durante este proceso, tienes que comenzar a reconectarte contigo misma y a confiar de nuevo en tus instintos.

Debes ver todo esto como una experiencia para aumentar la confianza en ti misma y como una experiencia de aprendizaje. Que tu matrimonio no haya funcionado no quiere decir que el haberte casado con ese hombre haya sido una decisión equivocada. La relación cambió, y tú tuviste fortaleza suficiente para aceptar que tu felicidad era más importante que permanecer en un matrimonio no tan feliz. El hecho de aceptarlo te permitirá recordar los buenos tiempos con tu pareja. Te permitirá entender que tu matrimonio fue, sin duda, una decisión acertada, pero que tu y tu pareja no estaban destinados a permanecer juntos por más tiempo porque su relación dejó de ser lo que alguna vez fue. Una vez que aceptes esto, podrás seguir adelante y darte cuenta de que puedes volver a confiar en ti misma.

7. *Respetar a tu ex*

"No podrá respetarse si no respeta a los demás". —Anónimo

No siempre tendrá que agradarte tu ex, pero es importante que lo respetes durante la etapa del divorcio. Es muy fácil caer en la trampa de considerarlo como "el enemigo". Podría decirse casi con seguridad que se espera que las mujeres odien a sus ex esposos. Yo estuve en la desafortunada posición de ser colocada bajo un microscopio por la prensa durante los días, semanas y meses que transcurrieron después de mi divorcio. Los periodistas constantemente me hacían preguntas con la esperanza de que respondiera con declaraciones negativas sobre mi ex esposo. Sabía lo que hacían y por qué me hacían ciertas preguntas, y tuve mucho cuidado de no decir nada que pudiera ser malinterpretado. Quería mantener un nivel de respeto mutuo durante nuestro divorcio para poder continuar con una relación que fuera lo más sana posible por nuestro bien y el de nuestros hijos. Cuando veo a los cónyuges que se respetan mutuamente, admiro su madurez y su equilibrio. Siempre siento por esas parejas de ex cónyuges una cierta admiración, principalmente porque son la excepción a la regla. He procurado ser una mujer a quien los demás pueden ver y decir, "Con qué elegancia ha manejado su divorcio. Procuremos hacerlo así".

Nota de Jinny

SOBRE RESPETAR A TU EX

¿Cuál es nuestra primera reacción cuando alguien nos falta al respeto? Es probable que nos molestemos, que

---

levantemos un muro protector y lo más probable es que seamos irrespetuosos en nuestra forma de responder. Esto crea un círculo vicioso de culpa, resentimiento y dolor. Cada vez que se repite este ciclo, las dos partes refuerzan sus muros protectores y se ciegan en cuanto a la responsabilidad que tienen en el conflicto. Esto es cierto en todas las relaciones, aunque en una situación de divorcio, el ciclo se incrementa. El ex esposo y la ex esposa se hieren una y otra vez y consideran que están plenamente justificados para hacerlo. Se dicen, "Él me hirió, por lo tanto yo lo hiero", o "Ella hizo eso, entonces yo puedo hacer esto". Es evidente que el ciclo de herirse mutuamente es dañino para ti y para tu ex. Tienes en tus manos el poder de transformarlo en un ciclo saludable, con tan sólo actuar de forma respetuosa hacia tu ex esposo (sin importar cuál sea su actitud hacia ti). Actúa con madurez y respeto y, con el tiempo, se establecerá un ciclo de madurez y respeto en la relación. Todo se reduce a la antigua Regla de Oro, la que enseñamos a nuestros hijos, pero que a veces se nos olvida: *No hagas a los demás lo que no quieras que te hagan a ti.*

8. *Comprometerse*

"Una mujer que conoce todos los detalles de una situación, probablemente nunca quedará atrapada". —Mae West

Por mucho tiempo compartiste tu vida con alguien y la mayoría de tus decisiones estaban relacionadas con las suyas, con sus opiniones, con lo que le gustaba y lo que no le gustaba y con su horario. Ahora, de un momento a otro, esa persona ya no está y es posible que te sientas perdida y sola en las etapas iniciales del divorcio. Así me sentí yo. Me costaba muchísimo trabajo salir de la cama en las mañanas. Me sentía abrumada por el hecho de que llevaba toda la carga sobre mis hombros. Todas las decisiones que tenían que ver con mis hijos, conmigo y con nuestro futuro dependían totalmente de mí. Me sentía abrumada hasta el punto de quedar prácticamente paralizada. Pero, llegó un día en que me dije basta. Fue el día en que Cristian entró a mi habitación y dijo, "Mami ¿estás llorando otra vez?" Me sentí avergonzada, sabía que no quería que mis hijos me vieran triste todo el tiempo. De ahí en adelante, empecé a esforzarme al menos por tener una actitud positiva y por estar presente en mi propia vida.

Admito que no fui muy positiva durante la fase inicial, pero, al menos ¡empecé a ver la luz! Mis verdaderos progresos se produjeron durante las dos fases siguientes, la reconstrucción y el redescubrimiento, pero fue en ese momento cuando admití que era un hecho que ya no estaba feliz en mi matrimonio. Entonces, vi que tenía una nueva oportunidad de tomar el mando. En vez de decir, "Oh, no, ahora tengo que tomar todas las decisiones", dije, "Qué maravilla ¡puedo decidirlo todo!". Comencé a pensar en lo que quería de esta nueva vida. ¿Quería quedarme en Miami? ¿Quería mudarme a otro lugar? ¿Quería reiniciar mi carrera? De ser así, ¿cómo? ¿Cuáles eran ahora mis nuevas prioridades, ya que no estaba esa enorme prioridad? Convertí todas estas preguntas dolorosas en oportunidades para tomar control de la situación, y poco a poco, esto me fue ayudando a cambiar mi perspectiva.

En esta fase no respondí a ninguno de mis interrogantes. Me permití planteármelos, pero en ese momento no busqué las respuestas. Ya habría tiempo de responderlas más adelante.

Nota de Jinny

SOBRE COMPROMETERSE

Con un divorcio, la vida te ofrece la oportunidad de revaluar tus prioridades, de repensar tu futuro y de buscar
tu propia felicidad. Tu principal propósito en la vida
es encontrar la felicidad, y el hecho de admitir que el
matrimonio ya no te hace feliz es el primer paso para
comprometerte contigo misma. No es fácil admitir algo
tan doloroso y probablemente se sienta más como un
enorme salto al vacío, que como un paso. Pero las buenas noticias son que cada decisión que tomas después de
ese salto será más fácil y menos miedosa. Por lo tanto,
después de ese primer salto, tómate tu tiempo. Analiza a
dónde te ha traído la vida y a dónde quieres ir.

   Es esencial que seas sincera al analizar estos dos factores. Una vez que entiendas a dónde te ha traído la vida
y a dónde quieres ir, podrás empezar una relación sana
contigo misma. Esta es la relación más importante que
hay que desarrollar en las primeras etapas del divorcio,
porque sólo después de que tengas una buena relación
contigo misma, podrás tener relaciones con los demás.
Un subproducto maravilloso de este compromiso contigo misma es que no sólo podrás iniciar relaciones nuevas y sanas sino que muchas de tus antiguas conexiones
(con tus hijos, tu familia, tus amigos) se harán aún más
fuertes que antes.

9. *Creer que la vida es justa*

"He descubierto que si uno ama la vida,
la vida le devuelve a uno amor". —Arthur Rubinstein

No parece justo ¿verdad? Soñábamos con un cuento de hadas, con el príncipe azul en su caballo blanco, con el castillo. Y luego, de repente, todo se desvanece. El príncipe se ha ido, el castillo ha perdido su esplendor, y ahí estamos, solas, preguntándonos qué se hizo nuestro matrimonio y por qué se arruinó. Bien, mi querida amiga, los cuentos de hadas mienten. Nunca nos cuentan las verdades del matrimonio. Las siguientes son apenas algunas de estas verdades:

Hecho #1: El matrimonio perfecto no existe. Como dicen los franceses, "No hay matrimonio perfecto porque no hay hombres perfectos". Siempre me han encantado los franceses.

Hecho #2: No eres la primera persona en divorciarse; ni serás la última. Y, sin embargo, en ese momento de inexplicable tristeza, esto realmente no nos importa. Lo único que nos importa es nuestra situación y estamos convencidas de que nuestro divorcio es el evento más traumático de la historia de la humanidad.

Hecho #3: No lo es. En el mundo ha habido guerras y plagas muchísimo peores que tu divorcio. Y, sin embargo, estoy segura de que eso tampoco importa. A mí no me importaba.

Hecho #4: No todo termina con un "Vivieron felices para siempre". A veces, el capítulo termina con "Caerás de pie". Y así será. Tal vez te has caído de ese caballo blanco, o tal vez el caballo te ha tumbado, o tal vez saltaste. Si eres como yo, caíste de cara al piso. Nada tuvieron que ver mis pies en la ecuación. Paso a paso he ido avanzando y ahora soy lo suficientemente valiente como para dar pasos más grandes. Yo sola. ¿Y ahora qué? De vez en cuando tambaleo, pero el hecho es que siempre caigo de pie. Tu también podrás hacerlo.

Hecho #5: La. Vida. Es. Justa.

Nota de Jinny

SOBRE CREER QUE LA VIDA ES JUSTA

Es un dicho muy común pero muy cierto: *Todo tiene una razón de ser.* Es posible que en el momento del divorcio no entiendas lo que ocurre, pero con el tiempo, y con paciencia, las cosas comenzarán a aclararse. Aún cuando no tenemos todas las respuestas a nuestras preguntas y todo parece incierto, lo único que sabemos es que la vida es justa. Todo ocurre por una razón y siempre —quiero decir siempre— hay algo bueno detrás de cada situación. Si te lo propones y te esfuerzas por encontrar tu felicidad, la vida te ayudará y te irá mostrando el camino. Sí, es difícil cambiar, pero también puede ser algo muy benéfico.

---

10. *Disfruta la vida*

*"Lo que para la oruga es el fin del mundo,
para el maestro es la mariposa".* —Richard Bach

Comienza por sonreír. Lograrás que todos te dejen en paz por unos momentos si de vez en cuando vuelves a sonreír. Pero tienes que estar preparada. Al poco tiempo intentarán lograr que sonrías con más frecuencia, o que rías y eventualmente, querrán que salgas de la casa. Admito que en aquel momento, lo último que quería hacer era socializar. Simplemente no quería y no necesitaba ver las miradas de lástima ni los esfuerzos forzados por animarme. Estaba muy bien con mi tristeza, muchas gracias. Pero mis amigos insistían, "¡vamos a jugar bolos!". Y mi familia decía una y otra vez, "¡hagamos un asado!". Así que fui a jugar bolos. Y posé para que me tomaran fotos en los asados, pero, en realidad, estaba mucho más contenta sintiéndome infeliz, encerrada a solas en mi habitación. Me estaba comportando como una terca egoísta, lo que creo que está permitido. Sin embargo, en un determinado momento hay que seguir la corriente y permitirse disfrutar de la vida. Volver al mundo. Conocer gente, interactuar, sentirse viva. Es excelente para el alma. Además, ayuda a poner la situación en perspectiva. La vida continuará y estará bien, justo como lo dijo el pequeño Cristian. Por lo tanto, debemos permitirnos amar la vida y la vida nos amará.

Nota de Jinny

SOBRE DISFRUTAR LA VIDA

Ya lo he dicho y lo repetiré (por si no me estabas prestando atención) nuestra única responsabilidad en la vida es ser feliz. La vida nos dará la oportunidad y el momento para encontrar la felicidad, pero de uno depende aprovecharlo. Debemos estar listas a enfrentar los cambios que se presentan en la vida. No tenemos que estar listas a enfrentarlo todo. No hay que saberlo todo desde el principio, hay que permitirse comenzar. Entender que se trata de un proceso de aprendizaje en el que debe esperarse a que se produzcan cambios. Tienes que tomar control de tu vida y vivirla con alegría. Es un nuevo y emocionante capítulo de tu vida. ¡Disfrútalo!

Palabras finales sobre la aceptación

Al comienzo de mi divorcio, percibía la aceptación como la gran meta final de la carrera. Pero cuando llegué allí me di cuenta de que no es más que el comienzo. Ay, Dios mío, fue lo que pensé, ¿quién quiere correr otro maratón cuando apenas acaba de cruzar la meta, cansada y casi sin aliento? Pero una vez que se llega a esta etapa de la aceptación, Dios nos da una nueva vida. La carrera será distinta, porque tendremos una nueva provisión de oxígeno y las piernas descansadas, y es aquí donde nos daremos cuenta de que podemos abrirnos y echarnos a correr. Bueno, está bien, tal vez sólo estemos listas para caminar. Imagino que hay que aprender a caminar antes de poder correr. Entonces, hay que caminar con ánimo bajo el sol, con la cabeza en alto, con las piernas depiladas y luciendo algo que no sean los pantalones de la pijama... Más adelante será posible correr.

Segunda Parte

Reconstrucción

Reunir las piezas

"Recuerde, si necesita una mano amiga,
la encontrará al extremo de su brazo".
—*Audrey Hepburn*

Ahí estaba: *Caminado*, en un atuendo bastante aceptable, con las piernas depiladas e increíblemente abrumada. Hacía apenas un mes estaba enterrada bajo los escombros. Hacía poco tiempo que había logrado salir de allí y aceptar que mi divorcio era un hecho. Ahora, mientras caminaba por los escombros de lo que había sido mi vida, me daba cuenta de que tenía que reconstruir un nuevo castillo. ¿Yo sola? ¡Santo Dios! Ni siquiera sabía por dónde empezar, pero lo que sí sabía era que ya no quería continuar paralizada por el divorcio. No quería seguir caminando entre las ruinas. Así que, con un bebé en los brazos y un pequeño aferrado a mi pierna, emprendí el camino lo mejor que pude: paso a paso.

Mi primer paso fue empezar a asistir a los asados que organizaba mi familia en mi casa todos los domingos. Durante meses después del divorcio, Mami, Jinny, mi cuñado José y la enorme familia colombiana de José venían a mi casa todos los domingos para un asado. Yo sabía que lo hacían por mi bien, pero casi no encontraba fuerzas para asistir a estas reuniones por un ratito, así fuera corto. Me comía unas cuantas alitas de pollo, trataba de sonreírle a todo el mundo para darles gusto, y luego volvía a la cueva de mi habitación. Entonces, un domingo, después de meses de estar en mi habitación, me obligué a permanecer afuera durante todo el asado. Comí bastantes alitas y bebí más que suficientes coquitos. Sonreí y creo que hasta reí; pero esta vez no lo hice por darle gusto a los demás. Lo hice por darme gusto a mí.

Unos pocos domingos después, comencé a hacerme cargo de los asados. Hacía los planes, llamaba a todos a decirles que vinieran, preparaba la comida y escogía la música. Fue una sensación muy agradable volverme a encargar de algo. Fue muy agradable también estar con otras personas porque quería estar allí y no porque todos querían que estuviera. De organizar los asados de los domingos fui pasando, gradualmente, a hacer planes para toda la semana, de lunes a sábado. Comencé a ir al gimnasio, llevaba a los niños al cine, al centro comercial o al zoológico. Procuraba hacer lo que fuera por salir de casa y estar afuera. Luego, muy poco después, apenas unos meses después de haberme separado de mi ex esposo, quise creer que ya estaba totalmente recuperada. Quería decir que estaba bien y de nuevo contenta. Después de todo, había vuelto a entrar en sociedad. Estaba usando ropa de verdad y estaba saliendo en las noches —aunque sólo fuera a la casa de una amiga a hablar— pero, al menos, estaba saliendo. Por lo tanto, cuando me pidieron que fuera al programa de televisión de mi amiga para hablar sobre mi futuro y mis nuevas metas profesionales, me encantó. Mi intención era ir al programa y explicar cómo la separación me había fortalecido y me había convertido en una persona más segura y lo feliz que estaba de todos mi planes para el futuro y de volver a trabajar. De hecho, gran parte del programa estaría dedicado a mi carrera —la que tenía antes y que ahora intentaba reconstruir.

Bien, como es natural, empezaron a rodar las cámaras, llegaron las preguntas sobre el divorcio y ya se imaginan lo que ocurrió. Me desmoroné por completo. No estaba para nada lista. No me había recuperado. Toda mi fortaleza me abandonó y simplemente empecé a sollozar. Durante cada pausa de comerciales, pensaba, "Está bien, tranquilízate, sé fuerte". Pero jamás lo logré. Simplemente, no estaba lista. Mientras volvía a casa después de esa entrevista, vi que había dos formas de considerar lo ocurrido: podía sentirme molesta por haber perdido el control ante las cámaras, o podía aprovechar esa experiencia para abrir los ojos. Me permití estar disgustada durante un día y luego me repuse. Utilicé la experiencia para abrir los ojos y aceptar que no estaba lista. Me levanté a la mañana siguiente y decidí seguir hacia adelante, y así es como al fin logré llegar adonde me encuentro hoy, despertándome cada día y tomando la decisión de seguir hacia adelante. Sí, hubo días en los que no quería moverme un centímetro. Pero de todas maneras, entraba a la ducha, me arreglaba, salía de la casa y llevaba a los niños al centro comercial, al zoológico, al cine. En esas salidas con mis hijos recuperé gran parte de mis fuerzas. Me encontraba con amigas que me decían, "Te vez increíble" o, aún mejor, "Tus niños son tan educados", y no tengo palabras para decir cuánto me ayudaron con sus comentarios, porque sabía que había llegado hasta ese punto por mi propia cuenta. Me veía "increíble" porque, al haberme obligado a salir de la casa, comenzaba a sentirme increíble. Y mis hijos eran "tan educados" porque yo les había inculcado que así debían ser (por lo menos estaba haciendo algo bien).

Para mí, la parte más difícil de la etapa de reconstrucción fue que, en un momento determinado, tuve que soltar a los niños, para poder hacer las cosas bien. También tuve que soltar a todos y todo lo demás. No podía seguir llenando mis días de cosas para no pensar en mi situación. Tenía que enfrentarla, tenía que empezar a revaluar mis metas. Lo haría como debía ser. Tenía que permitirme un tiempo para estar sola y así poder descubrir quién quería ser realmente. Jinny no dejaba de decirme, "Debes ser un poco egoísta. No tiene nada de malo. En esta fase todo tiene que ver contigo". Pero yo acababa de salir de una etapa de mi vida en donde no permitía que *nada* tuviera que ver conmigo. Yo era una esposa, una madre, antes que todo lo demás. No había nada más importante antes o después de eso. Permití que me definieran no por quién era sino por lo que todos esperaban que fuera. Nunca caí en cuenta que dejarse definir en estos términos —como la esposa perfecta y la madre perfecta— es, por irónico que parezca lo peor que se puede hacer tanto para el matrimonio como para los niños. Hay que permanecer fuerte, ser siempre independiente, ser muy honesta consigo misma. Sólo entonces puede uno convertirse en un apoyo para los demás.

Adelante, vuelve a leer el último párrafo. Léelo varias veces si es necesario. ¿Sabes cuántas veces me dijo Jinny eso antes de que al fin lo comprendiera? Antes de que pudiera empezar a adentrarme en esta fase, tuve que aceptar el hecho de que iba a tener que ser egoísta —a consciencia. Me tomó algunos meses entenderlo. Quería llenar mis días de actividades llevando a los niños a distintos lugares y manteniendo mi mente lejos del divorcio, en lugar de darme tiempo para estar sola y pensar acerca de lo que estaba ocurriendo. Pero Jinny me insistía una y otra vez que estaba bien que fuera un poco egoísta, y cuando al fin accedí, me describió las tres etapas de la reconstrucción:

ETAPA I.	Perdonarse
ETAPA II.	Definir tu yo auténtico
ETAPA III.	Identificar tus propias necesidades

Ahora me sentía un poco más segura de mi capacidad de pasar por estas tres etapas. Acababa de culminar la fase de la aceptación y me sentía como si hubiera encontrado al fin mi camino. Ya no me sentía culpable todos los días y ya no me sentía herida. Sí, es cierto, a veces reaparecían estos sentimientos, pero más que todo me sentía orgullosa de la forma como había progresado. Podía sentir el cambio que se estaba produciendo en mi interior y podía ver que ahora era capaz de hacerme cargo de más aspectos de mi vida. Mientras que antes no quería salir de mi habitación durante días, ahora me despertaba ansiosa de salir de la casa. Pero Jinny tenía razón. Tenía que detenerme, tenía que darme tiempo para ordenar mis ideas, y tenía que reencontrar el sentido de mi persona.

Siguiendo las instrucciones, dejé todo y a todos y tomé una libreta de notas. Empecé por hacer listas, a poner por escrito mis metas y a hacer mis planes para el futuro. Al hacer esas listas, intenté no limitarme de ninguna manera. Si una de mis metas parecía imposible, la incluía de todas formas. Ni siquiera intenté hacer realidad ninguna de las cosas que escribía en esas listas. Sólo dejé que fluyeran. La fase reconstrucción no se trata de escalar montañas; se trata de poner los cimientos y, poco a poco, sin prisa pero sin tregua, ir construyendo sobre ellos. Más tarde, fijaría prioridades, me ocuparía de lo que realmente quería y comenzaría a escalar. Por ahora, me conformaba con tomar mi libreta de apuntes y seguir hacia adelante.

Nota de Jinny

SOBRE LA RECONSTRUCCIÓN

La fase de reconstrucción se trata exclusivamente de *ti*. Cuando se pasa por un divorcio, todos los detalles de la vida se perturban. Es como si esa vida por la que te has esforzado y trabajado tanto por crear se destrozara en un minuto. Hay que pensar en esta fase como si se tratara de un rompecabezas. Cuando se está casado, parece que la mayoría de las piezas están en su lugar y que la imagen es bastante clara. Luego, cuando hay un divorcio, es como si un terremoto o un huracán, hubiera pasado sobre ese lindo rompecabezas. Algunas de las piezas salen volando y nunca se vuelven a encontrar. Otras se rompen en dos. Son pocas las que quedan intactas, si es que quedan algunas. De ti depende reunir las piezas restantes y encontrar piezas nuevas que se acoplen a tu nuevo rompecabezas. Esto es muy difícil de lograr si uno está pensando todo el tiempo en los demás. Debes pensar en ti misma y decidir cuáles son las partes de este tremendo desorden que deseas descartar, reconfigurar o restaurar y qué elementos nuevos tienes que agregar a la imagen. La única forma de lograrlo es olvidándote de todo lo demás y empezando a reorganizar esa imagen totalmente descompuesta.

Es como estar en una montaña rusa de sentimientos y en determinados momentos, desapareciera la confianza en tí misma y la autoestima. Durante la fase de reconstrucción, hay que detener esa montaña rusa y recobrar el equilibrio. Debes centrarte en ti misma y permitirte pasar por todas las etapas de la reconstrucción. Debes permitirte ser absolutamente egoísta mientras avanzas por cada etapa. Es el único momento en el que se te permite actuar así, por lo tanto, ¡aprovéchelo!

Las Etapas de la Reconstrucción
Perdónate... Define tu yo auténtico... Identifica tus necesidades

ETAPA I: *Perdonarse*

"Sin perdón no hay futuro". —Desmond Tutu

Me fue muy difícil perdonarme. Me resultó mucho más fácil perdonar a los demás y luego aferrarme a esa parte de mi dolor y mi sentimiento de culpa. Por mucho que me esforcé, no pude deshacerme del dolor y la culpabilidad de la fase de aceptación y, sin embargo, estaba decidida a seguir adelante con la reconstrucción, porque no tenía tiempo de seguir llorando mi dolor y mi culpabilidad. Entonces, tomé estos dos sentimientos y los llevé conmigo a la etapa de la reconstrucción. Sucedió entonces algo mágico. Me di cuenta de que nunca iba a poder reconstruir unas bases sólidas si me mantenía constantemente aferrada a la culpabilidad en una mano y al dolor en la otra. Me di cuenta de que mi vida se había convertido solo en eso: El dolor y la culpabilidad. Si quería recuperarla, tendría que encontrar la forma de deshacerme de estas dos cosas. Al fin entendí que hasta que me perdonara plenamente por todo lo que había ocurrido, nunca iba a poder ofrecerle el perdón absoluto a nadie. Por difícil que sea, hay que otorgarse este perdón, porque es la clave que nos libera para seguir adelante en la reconstrucción.

Al igual que en la etapa de culpabilidad, en la etapa de perdonarme comencé a hacerme preguntas. Pero en la etapa de culpabilidad fui un poco dura conmigo misma. Pregunté: ¿Fue todo culpa mía? ¿Cómo pude hacerles esto a mis hijos? Y ¿cómo pude privarlos de la figura paterna? Esta vez, fui un poco más comprensiva conmigo misma, preguntándome: ¿Qué puedo hacer para perdonarme? ¿Cómo me libero de mis errores del pasado? Y ¿cómo puede esto hacerme más fuerte?

1. ¿Qué puedo hacer para perdonarme?

Lo primero que hice fue dejar de culparme. Me dije que estaba bien. Recordé que las circunstancias y situaciones de mi matrimonio estaban fuera de mi control y que en ese momento había hecho todo lo posible. Por un tiempo, sentí que cada paso que había dado en mi matrimonio lo había debido dar de manera diferente. Me dije que si lo volviera a hacer, lo haría distinto. Pero probablemente no habría sido así. Habría hecho todo exactamente igual, porque no sabría de qué otra manera hacerlo. Ahora ya lo sé. Así que, después de dejar de culparme, comencé a ser sincera conmigo y me pregunté:

2. ¿Cómo me libero de mis errores del pasado?

¿Cometí errores? Sin duda. Pero ¿fue todo culpa mía? De ninguna manera. Los humanos nos equivocamos, especialmente cuando nos encontramos en situaciones de mucho estrés, y un matrimonio no muy feliz es una situación increíblemente estresante. Con frecuencia sentimos que escasamente podemos respirar o movernos en la atmósfera pesada y tensa de un matrimonio inestable. En esa situación, no se puede ser la persona que realmente se es. Claro que se van a cometer unos cuantos errores. No los desperdicies. Aprende de ellos. Toma cada error por pequeño que sea y conviértelo en tu aliado. ¿Fuiste demasiado exigente? ¿Demasiado pasiva? ¿Intentaste controlarlo todo? ¿Permitiste que te controlaran? Reconoce cuáles fueron tus fallas. Admítelas. Si eres sincera, podrás evitar cometer estos errores de nuevo y ya estarás lista para responder a la siguiente pregunta:

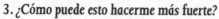

3. ¿Cómo puede esto hacerme más fuerte?

Nunca me había sentido tan fuerte como el día en que decidí perdonarme. Al hacerlo, pude deshacerme mentalmente de la víctima y volver a tomar control de mi vida. Cuando me echaba la culpa todo el tiempo, nunca me sentí lo suficientemente segura o estable como para seguir hacia adelante. Cuando al fin me libré de todas mis dudas con respecto a mí misma y de toda esa tendencia a culparme, recuperé mi estabilidad y mi espíritu.

Cuando llegué a la etapa del perdón, y respondí planteándome la pregunta de "¿Cómo puede esto hacerme más fuerte?" sabía que estaba en vía de recuperación. Decidí hacerme esta pregunta con cada inconveniente que encontrara en mi camino, porque fue lo que me ayudó a mantenerme centrada en el futuro.

Me hice otras preguntas que tenían que ver específicamente con mi situación. Te recomiendo que hagas lo mismo. Estas tres preguntas son excelentes para empezar, pero no hay que detenerse ahí. Hazte todas las preguntas que sean necesarias para que al fin puedas perdonarte.

Nota de Jinny

SOBRE PERDONARSE

Perdonarse es crucial para avanzar en la vida. Al perdonarte y perdonar a quienes te han herido permitirás que la ira y el dolor salgan de tu sistema dejando espacio para poder respirar y moverte en un nuevo y magnífico capítulo de tu vida. Perdonar no necesariamente significa olvidar. Sin duda está bien y es aceptable perdonar y seguir experimentando cierto dolor por lo ocurrido. Lo importante es no tener nada en contra de la persona que te causó el dolor... simplemente deja caer ese saco pesado sin mirar atrás. Los siguientes son algunos pasos que te ayudarán a lograr completar esta importante etapa del perdón:

1. **ANALIZA TUS SENTIMIENTOS:** Escribe tu historia en un diario. Esto te ayudará a analizar tus sentimientos sobre la situación y a tener una perspectiva clara. Un diario es una herramienta poderosa, te ayuda a comunicarte contigo misma y a responzabilizarte ante ti misma y nadie más.

2. **¿QUÉ GANAS CON ESO?** Recuerda que al perdonar te estás liberando y te estás preparando para seguir adelante en la vida. Esta responsabilidad es tuya y de nadie más. De ti depende dejar de llevar esa carga pesada de ira y dolor. De ti depende liberarte. Nadie puede hacerlo por ti. Por eso, tú también eres la única persona que puede sacar el mayor provecho de este perdón.

3. **DETÉNTE Y RESPIRA PROFUNDO:** Esto sirve cuando te enfrentas a un reto. Por lo general, cuando la vida presenta una situación en la que estamos bajo estrés, nos olvidamos de respirar con tranquilidad, y creamos un círculo vicioso en el que no se conectan las emociones abrumadoras y el organismo sobrecargado de estrés. Cuando tomas tiempo para respirar profundo, permites que estas reacciones se produzcan dándote la oportunidad de recuperar

control —ese mismo control que necesitamos para pensar, analizar la situación y llegar a una posible solución del problema. Como solía decir mi mamá, "Tienes que pensar con la cabeza fría".

4. **CONVIÉRTETE EN TU PROPIA HEROÍNA:** Piensa en los detalles de tu historia y úsalos como un arma poderosa para empezar a controlar tu vida. Después de todo, ahora eres una persona fuerte gracias a todas las experiencias y lecciones que la vida te ha dado. Cuando te permites perdonar, estás controlando tu vida... te estás convirtiendo en tu propia heroína.

5. **DATE TIEMPO:** Recuerda siempre que el tiempo es oro y es muy valioso. Date tiempo para reparar el daño. No te apresures; vive y aprende de la vida. Después de todo "El tiempo es oro".

ETAPA II: *Define tu yo auténtico*

"Conocerse a sí mismo constituye la lección más difícil del mundo". —Miguel de Cervantes

Por mucho tiempo me definí por dos papeles que lo abarcaban todo. Era la esposa de mi esposo y la madre de mis hijos. Aunque para mí era un gran orgullo ser esposa y madre, perdí una gran parte de la persona que alguna vez había sido. Había sido una ambiciosa mujer profesional, una hermana confiable, una hija amorosa, una amiga divertida y, en términos generales, una persona feliz. Quisiera decirte que pude mantener estos roles durante mi matrimonio, pero la verdad es que no fue así. Me daba cuenta de que esa pérdida había sido mi culpa y que ahora mi responsabilidad era reclamar y redefinir mi yo auténtico.

Empecé obligándome a responder a las siguientes preguntas con la mayor sinceridad posible:

¿Quién soy yo ahora?

¿Quién quiero ser?

¿Qué quiero cambiar en mí?

¿Por qué quiero cambiar estos aspectos en mí?

¿Cómo voy a cambiar?

¿Cuáles son mis fortalezas?

¿Cuáles son mis debilidades?

Con base en estas preguntas, comencé a elaborar una lista:

Mis metas:

Mis reglas para mí:

Mis valores más importantes:

Mis respuestas:

¿Quién soy yo ahora?

Una mujer que lucha por su felicidad. Soy más fuerte de lo que era ayer pero no tanto como lo seré mañana. Estoy divorciada. Tengo dos hijos. Estoy cansada y triste, pero voy a estar bien. Estoy un poco asustada, pero voy en camino.

¿Quién quiero ser?

Quiero ser la mejor madre que pueda y también quiero volver a trabajar y tener una excelente carrera. Quiero ser mamá, ante todo, porque es lo que me da más alegría y felicidad que cualquier otra cosa que haya hecho. En segundo lugar, quiero ser una mujer que trabaja porque me hace sentir fuerte y poderosa saber que puedo mantener a mi familia sin renunciar a aquella parte de mi vida que siempre me ha encantado. Quiero tenerlo todo y no creo que sea tan imposible como solía pensar.

¿Qué quiero cambiar en mí?
Quiero deshacerme del miedo y de las dudas. Quiero sentirme más segura y ser menos pasiva de lo que he sido en los últimos años.

¿Por qué quiero cambiar estos aspectos en mí?
Solía ser una persona sin miedos ni dudas, y me encantaba ser como era. Quiero que mis hijos me vean como esa persona y yo también quiero verme a mí misma de esa manera.

¿Cómo voy a cambiar?
Me pondré retos, me arriesgaré y me propondré a no depender siempre de los demás.

¿Cuáles son mis fortalezas?
Soy una excelente mamá. Me preocupo, soy compasiva. Soy, en realidad, una buena amiga, una buena hija y una buena hermana. Soy alegre y divertida. No me tomo muy en serio. Nunca hablo mal de los demás.

¿Cuáles son mis debilidades?
A veces puedo ser demasiado amable y permito que las personas me pasen por encima. Me cuesta trabajo luchar por mis derechos. O decir no. No soy buena para corregir a mis hijos, principalmente por mi sentimiento de culpabilidad y porque trato de sobrecompensar.

Mis metas

- Educaré a dos hijos increíbles.
- Volveré a trabajar.
- Aprenderé a ser firme con los demás.
- Seré buena conmigo.
- Apreciaré mi matrimonio y las lecciones que me enseñó.

Mis reglas para mí

- Luchar por mis derechos.
- Seguir mis instintos.
- Ser sincera conmigo misma.
- Empezar cada día con una sonrisa.
- No tomar la vida tan en serio.

Mis valores más importantes

- Ser amable.
- Ser cariñosa.
- Ser sincera.
- Ser feliz.
- Y por encima de todo lo demás, ser yo misma.

Nota de Jinny

SOBRE DEFENDER TU PROPIA AUTENTICIDAD

Tú eres tu proyecto número uno. Como mujeres, se nos enseña a poner a los demás en primer lugar y nosotras

---

venimos en segundo o en último lugar. Sin embargo es ahora cuando te digo —*te estoy ordenando*— a que te pongas en primer lugar. Antes que tu familia, tus amigos, tu trabajo y, sí, inclusive antes que tus hijos. Es algo que debes hacer por tu bien y por el bien de todos los demás en tu vida para poder volver a ser la persona que realmente eres. Pero nunca podrás volver a ser esa persona si no te permites ser la número uno por un rato. Si tienes problemas, o si empiezas a sentirte culpable por ponerte en primer lugar, recuerda que lo haces tanto por el bien de los demás como por el tuyo.

Los pasos a seguir para ponerse en primer lugar:

1. **NO SEAS TAN DURA CONTIGO MISMA:** Querer ser perfecta no es siempre realista. No hay que forzarse. Acepta, reconoce y elogia el hecho de que estás viva, que respiras y que das un paso a la vez. Tómate tu tiempo para conectar tu cuerpo con tu mente. Esa conexión te ayudará a volver a tomar control sobre tu vida.

2. **TU FUTURO: LA LUZ AL FINAL DEL TÚNEL:** Comprende que todo sucede por una razón. El hecho es que vas a estar muy bien y tienes un futuro por construir. Tu futuro es tu motivación y tienes que comprometerte con él. Ese compromiso te dará la fuerza y las herramientas necesarias para hacer frente a lo que te ocurre en este momento. Tu tarea consiste en mantener esa luz brillando lo más posible.

3. **ESTÁ SIEMPRE PRESENTE EN EL PROCESO:** Cualquiera que sea la situación específica, está presente

exactamente donde debes estar. Todo lo que te ocurre en este momento, bueno o malo, es una transición necesaria. Experimentarás muchos sentimientos y harás muchos descubrimientos que te ayudarán a lograr tu recuperación. Aprovecha esta oportunidad y sé sincera contigo misma.

4. **NADIE TE PODRÁ DETENER:** El principal interrogante es *¿Quién vas a ser?* Ésta debe ser tu prioridad y debes esforzarte por convertirte exactamente en la persona que quieres ser. Es el momento, para ti, de crecer como persona.

5. **MANTÉNTE ALERTA:** Uno de los mayores dones que tenemos es la capacidad de aprender de nuestras experiencias. La vida no está llena de problemas o fracasos; la vida está llena de oportunidades para aprender de nuestras acciones y, por lo tanto, de ser mejores seres humanos.

6. **NO TIENE NADA DE MALO SENTIR MIEDO:** Lo que estás a punto de experimentar en esta transformación puede causarte miedo. Cualquiera que sea la razón de ese miedo (ya sean los cambios, lo desconocido, la presión, etc.), tienes que sintonizarte con esas situaciones y experimentarlas al máximo. Tienes que entender que éste es sólo el comienzo del proceso para convertirte en la nueva persona que llegarás a ser.

ETAPA III: *Identifica tus necesidades*

*"Todo lo que puedo hacer es ser quien soy,
quienquiera que sea".* —Bob Dylan

Después de revisar todas las listas que elaboré, supe que tenía tres necesidades principales en las que me tenía que centrar:

1. Confianza
2. Habilidad
3. Valor personal

Durante mi matrimonio no consideré estas necesidades, y ahora dependía de mí reclamarlas durante mi divorcio. Pero, ¿cómo? Para mí la respuesta fue fácil. Tenía que volver a trabajar. Comencé mi carrera a los diecisiete años con un gran sentido de confianza. Mis capacidades y mi valor propio provenían de haber realizado un esfuerzo muy grande y de haberme ganado mis propios éxitos.

Gané el concurso de Miss Puerto Rico a los diecisiete años y el de Miss Universo a los dieciocho. Jamás había soñado que participaría en uno de estos concursos. Yo lo que quería era estudiar ortodoncia en la Universidad de Puerto Rico. Tuve frenos durante ocho años y por lo tanto llegué a interesarme mucho la ortodoncia. A los diecisiete años, cuando en la Plaza de Toa Alta me pidieron que representara a Toa Alta en el concurso de Miss Puerto Rico, todavía tenía los frenos. No siempre había dinero para pagarle al ortodoncista, pero los dueños del concurso me dijeron que ellos pagarían el resto del tratamiento para que no tuviera fierros en la boca para cuando llegara el día del concurso. ¡Lo cual me pareció muy bien! Fue así como, en lugar de ir a la universidad, fui lanzada al universo, y nunca he mirado atrás.

Como Miss Universo, tuve la oportunidad de viajar por el

mundo, de ser embajadora de la UNICEF, de conocer dignatarios extranjeros y presidentes de muchos países. Nunca en mi vida me había sentido más segura. Después de mi año como Miss Universo, me mudé a Filipinas donde fui la presentadora de dos programas de televisión que se transmitían cada semana, protagonicé doce películas y creé una fundación de beneficencia para niños pobres. Permanecí allí por casi cinco años antes de regresar a Puerto Rico a grabar un álbum (Dios mío, por favor no lo busquen). Aunque al álbum le fue bien en las listas *Billboard* de música bailable, no quedé realmente contenta con el estilo de música que estaba interpretando, por lo que decidí mudarme a Los Ángeles para seguir con mi carrera de actuación. En marzo de 1999, mis amigas me llevaron a un club en Puerto Rico para una fiesta de despedida y fue allí donde conocí a mi futuro esposo. Entonces, en vez de ir a Los Ángeles, me mudé a Nueva York, donde vivía él, y así, de repente, me encontré fuera de mi elemento.

En lugar de centrarme en mi carrera, me centré en mi relación. Nos comprometimos en octubre y nos casamos en mayo. Nuestro primer hijo nació en febrero. Sí, nueve meses después, para quien esté llevando las cuentas. No, no fue una boda apresurada. Aquellas de ustedes que tengan hijos sabrán que aún cuando uno se da cuenta muy pronto, no es posible saber que se está embarazada ¡hasta que hayan pasado al menos tres semanas! Yo supe que estaba embarazada como al mes de haberme casado, pero eso no impidió que las revistas y tabloides celebraran la noticia. En fin, volvamos al tema. En cuestión de meses, pasé de ser actriz y modelo a convertirme en esposa y madre de tiempo completo. Me encantó, pero ahora, en retrospectiva, me doy cuenta de que había algo que me hacía falta. No era el tipo de madre que quería ser. Mi vida había cambiado de forma muy drástica, demasiado aprisa y yo no me había tomado el tiempo de pensar en mis necesidades. Ahora, agradezco que mi divorcio me haya dado el tiempo de tomar las cosas con calma, y en esta fase de reconstrucción me di cuenta de que:

> *1.* Necesitaba un cambio
> *2.* Necesitaba volver a trabajar
> *3.* Necesitaba volver a ser yo misma

Anoté todo esto, satisfecha de haber identificado estas necesidades. No era necesario (ni prudente) empezar a reclamar dichas necesidades de inmediato. En cambio, hice planes. Contrataría un representante, comenzaría a presentarme de nuevo para hacer audiciones, tal vez me mudaría a Los Ángeles. Me sentí muy satisfecha de poner estos planes por escrito. Al identificar esas necesidades y esos planes, empecé a ver las distintas facetas de la persona que había sido antes. Sólo se requirieron unas pocas semanas para reconectarme de nuevo con Jennifer, una amiga que trabajaba en el mundo del entretenimiento y que se convirtió en mi representante. De inmediato comencé a presentarme para audiciones, lo que me exigió salir varias veces de Miami. Era difícil dejar los niños para ir a presentarme y, desde el punto de vista práctico, empezaba a ser costoso. Empecé a pensar seriamente en mudarme a Los Ángeles y empecé a buscar apartamento.

Nota de Jinny

SOBRE IDENTIFICAR TUS NECESIDADES

Saca de la ecuación a todos los demás y comprende que tú eres un ser humano con tus propias necesidades. Debes identificarlas para satisfacerlas. Tienes que ser sincera contigo misma. Con frecuencia, después de un divorcio, las mujeres tienen que redescubrir sus capacidades, su confianza y su autoestima. Pregúntate: ¿Qué te ayudará a hacerlo? ¿Necesitas volver a trabajar? ¿Necesitas ir al gimnasio? ¿Necesitas hacer un gran cambio? ¿Necesitas encontrar nuevas aficiones? ¿Necesitas reconectarse con tus antiguos amigos? ¿Necesitas establecer nuevas relaciones? Pregúntate sobre las cosas que sabes que te ayudarán. Tú conoces tus necesidades mejor de lo que crees.

Las herramientas

Ayudarse a reconstruir

"No hay lamentos en la vida.
Sólo hay lecciones".
—*Jennifer Aniston*

Esta fue la fase en la que compré todos los DVDs de *Sex and the City* (que creo que son una herramienta necesaria para cualquier mujer durante el período de reconstrucción), y veía dos o tres episodios uno tras otro. Bueno, a veces cuatro o cinco. Había algo tan terapéutico en ver a cuatro hermosas mujeres solteras hablando y enfrentando el gran problema del amor y las relaciones. Y con frecuencia fracasando. Si alguna vez una mujer te dice que nunca se ha identificado con Carrie, Samantha, Charlotte o Miranda, diría que está mintiendo. Es como si estas cuatro mujeres le hablaran a todas las mujeres de este país. Yo, al menos, me sentí como si me hablaran a mí.

Vi las seis temporadas de la serie en cuestión de meses, por lo que vi en cámara rápida cómo las mujeres pasan de una relación a otra. Es, en realidad, la mejor forma de ver ese programa porque así es posible darse cuenta que aunque las cuatro mujeres pasaban de una relación romántica (o a veces puramente sexual) a otra, todo el programa tiene que ver con la relación que toda mujer debe llevar con sí misma. Así, cuando oí a Carrie pronunciar esas últimas palabras, "La relación más emocionante, desafiante y significativa de todas es la que uno tiene con uno mismo", recuerdo haber sonreído y haber pensado, "Muy bien, Yari, comencemos a salir juntas". En ese momento, inicié una relación conmigo, que tomé muy en serio. Tenía que manejarla correctamente. No me conformaría con menos.

Me propuse agregar unas cuantas herramientas más a mis recursos, y comencé a establecer una relación conmigo misma. Sabía que tenía que hacerlo sobre cimientos de roca sólida; estas seis herramientas me ayudaron a poner los seis cimientos para soportar el resto de la construcción. Una vez más, te invito a que adoptes cada una de estas herramientas y las agregues a tus propios recursos, según sea necesario:

1. Ten las ideas claras
2. Olvídate de todo lo sucedido
3. Encuentra un nuevo enfoque
4. Reinvéntate
5. Llénate de poder
6. Sé valiente

1. *Ten las ideas claras*

*"Puesto que todo está en nuestra cabeza,
es mejor no perderla".* —Coco Chanel

No podía concentrarme del todo en mi propia fase de reconstrucción a menos que aclarara mis ideas constantemente. Una de las partes más difíciles del divorcio es que la vida sigue su curso. No hay "recesos" como consecuencia del divorcio. El aire acondicionado se va a dañar si así lo decide. El automóvil dejará de andar. De repente en la radio suena una canción que nos lanza en un torbellino de emociones. Los huracanes pasan con toda su fuerza sin pedirnos permiso y probablemente tendrá una o dos depresiones. Pero para eso están las mañanas. No importa por lo que estés pasando, no importa cuántas bolas curvas te lancen, la vida siempre te dará un nuevo comienzo cada veinticuatro horas.

Me propuse aprovechar cada mañana para aclarar mi mente y recordar lo que quería hacer ese día. Pensaría en todo lo que había escrito en esa vieja libreta de notas. Recordaría todas las preguntas que me había hecho: ¿Quién soy? ¿Quién voy a ser? Procuraba tener claro todo lo demás y me preguntaba constantemente, ¿quién *quiero ser*? Era obvio que sabía que quería ser muy feliz, tener salud y tener éxito. Quería una felicidad imposible, una salud imposible, un éxito imposible. Te diré que hubo días en los que no podía imaginar cómo iba a llegar a ser esa persona que quería ser. Así es, algunos días simplemente no me podía ver como alguien que pudiera volver a ser totalmente feliz. Había otros días en los que sencillamente me sentía como si hubiera perdido el juicio. En esos días de locura, recordaba que no podía hacer que la vida transcurriera más despacio pero que sí podía vivir *con menos prisa*. Podía detenerme, respirar profundo varias veces y decirme que esto iba a tomar tiempo.

Llevaba a los niños al parque, o iba al gimnasio, o comenzaba a redecorar partes de la casa, o sacaba mi libreta y escribía. A veces, me sentaba en la cocina con Mami y con Jinny. Hablábamos de todo y de nada en especial. Mami nos preparaba un plato típico, tal como lo hacía cuando éramos niñas. La casa se llenaba de un delicioso aroma y me tranquilizaba de inmediato, se desaparecían todas mis preocupaciones. No hay nada que me tranquilice más que saber que Mami está preparando cosas deliciosas y sentir ese olor que me recuerda mi niñez. No puedo dejar de sentirme feliz e increíblemente afortunada. No puedo dejar de recordar de dónde vengo y de pensar hacía dónde quiero ir.

Nota de Jinny

SOBRE TENER LAS IDEAS CLARAS

La mente es el arma más poderosa que tenemos. Es ahí donde comienza la batalla. Todos tus actos son producto de tus pensamientos, por lo que hay que aclarar la mente antes de poder actuar de forma positiva. No debes seguir menospreciándote ni opacando tu mente con viejos lamentos. Utiliza tu mente para verte como la persona que quieres ser. Si piensas así, tu subconsciente empezará a actuar de forma que te ayudará a lograr tu visión de una persona alegre, saludable y exitosa.

---

2. *Olvídste de todo lo sucedido*

"La verdad le hará libre. Pero primero le pondrá de muy mal humor". —Gloria Steinem

Empecé a tomar control del presente cuando al fin comencé a deshacerme de mis conflictos personales. Quisiera poder decir que durante la fase de la aceptación dejé todo atrás, pero no es cierto; no lo hice. Dejé atrás los malos ratos, el dolor y la ira que *sentía por la situación*, pero todavía tenía malos ratos, dolor e ira conmigo misma. Creo que acepté la situación totalmente durante la fase de la aceptación pero seguí sintiendo que debería haber hecho las cosas de otra forma. Lo que más me molestaba era pensar en qué había hecho para permitir que las cosas se salieran de control hasta ese punto. ¿Cómo me dejé convertir en semejante sombra?

Estaba furiosa conmigo misma, pero por fin enfrenté la verdad: Sé cómo sucedió y sé que fue mi culpa. Había dejado de ser responsable por mi vida. Puedo recordar la hora, de hecho, puedo recordar el momento exacto en el que habría debido hacerme cargo de la situación y no lo hice. Acepté que no era la mujer que quería ser y sin embargo no hice nada por cambiar. Quería volver a trabajar. Pensé que tal vez podía hacer algunos comerciales o una sesión fotográfica de vez en cuando; sabía que eso aumentaría mi confianza y me haría sentir mejor conmigo misma. Tenía a la mano los recursos para hacerlo. Tenía amigos que estaban más que dispuestos a ayudarme; sin embargo, decidí no hacer nada. Me sentía demasiado abrumada. Decidí en cambio sentarme a un lado del camino durante cinco años. Suspendí mi carrera, pero lo que es peor, suspendí mi proceso de crecimiento como mujer.

Ahora, en esta fase de reconstrucción, tenía que tomar una decisión: Podía quedarme pensando en mis errores del pasado o podía olvidarme de todo y seguir adelante. Sabía que si me quedaba en el pasado desperdiciaría el presente y opacaría el futuro. Ese no era el ciclo que quería poner en movimiento. En cambio, simplemente me olvidé de todo. Me tomó algún tiempo y muchas horas de conversaciones con Jinny. Hablé, hasta el cansancio, de todas las cosas que lamentaba, hasta que ya no tuve más qué decir. Entonces me olvidé de todo lo sucedido. Me olvidé de todos mis errores, todas mis equivocaciones, todos mis lamentos, mi ira, mi dolor, todo lo dejé atrás... y fue entonces cuando logré tomar control.

SOBRE OLVIDAR TODO LO SUCEDIDO

Hay que entender que el pasado ya no existe. Ya pasó. No se puede cambiar. En la fase de aceptación, o se olvida o se siente remordimiento constante. En esta fase, hay que dejar atrás todo lo que no se puede controlar:

1. No se puede controlar lo que se dijo o lo que se hizo durante el matrimonio, pero sí se puede controlar lo que se dice y se hace de ahora en adelante.
2. No se puede controlar cómo tu ex esposo actúe hacia ti, pero sí puedes controlar cómo tú reaccionas hacia él.
3. No se puede controlar lo que los demás digan de ti, pero sí se puede controlar tu forma de responder.
4. No se pueden controlar las decisiones que hayas tomado antes, pero sí puedes controlar cada una de las decisiones que tomes de aquí en adelante.

La confianza en tí misma tiene mucho que ver con el control, y lo que ahora controlas es el presente y tus acciones. Olvídate de lo que ya pasó y concéntrate en el presente y en lo que puedes controlar. Usa el pasado para entrar en el presente. Piensa en la falta de control que experimentaste en el pasado y comprende que ahora tienes el poder. Controla el presente y controlarás cada día de aquí en adelante. Esto te ayudará a pensar en las incontables oportunidades que te deparará el futuro.

3. *Encuentra un nuevo enfoque*

Enfocarme en las épocas no tan buenas y en lo que hubiera podido hacer para que fueran diferentes no me iba a ayudar a la reconstrucción. Decidí, en cambio, centrarme en esos días en los que me sentía extremadamente productiva y orgullosa de mí misma, e intenté recrear esos días en mi mente. Por ejemplo, siempre me ha encantado redecorar. Hay en esa actividad algo que me produce una increíble satisfacción. Entonces, empecé a buscar en mis recuerdos los momentos en que algo tan sencillo como redecorar me hubiera hecho sentir importante.

Cuando Jinny estaba esperando a su hija Andrea, decidí que diseñaría y decoraría la habitación de la bebé. Afortunadamente para mí, Jinny me dio carta blanca, y puedo decir que me enloquecí. Es decir, la carta blanca que me dio Jinny, la utilicé a más no poder. Ella no dejaba de preguntarme, "¿Qué haces? ¿Me puedes decir qué estás haciendo?" Y yo le respondía, "¡Sal de aquí, Jinny! Si yo tuviera una hija, esta sería la habitación que le haría". Ella se iba pero más que todo porque tenía ya casi ocho meses de embarazo y si llegáramos a pelear, ambas sabíamos que yo saldría ganando.

Quise que la habitación de la niña fuera como de una princesa. Pinté de rosado pálido con esténcil de oro por todo alrededor del borde superior de la pared. Hice un baldaquín en forma de corona para ponerlo sobre la cuna y le puse un príncipe encantado convertido en rana en una esquina. Sobre la lámpara escribí con esténcil CREE EN TI MISMA. Demoré como dos semanas y al final ¡quedé encantada! Fuera de que había diseñado la habitación más maravillosa que jamás haya visto (aunque lo diga yo), dejé de pensar en el divorcio y me interesé por algo que me encantaba hacer. Fue entonces cuando me di cuenta del poder de reenfocar las energías hacia algo positivo y olvidarse de lo negativo.

Nota de Jinny

SOBRE ENCONTRAR UN
NUEVO ENFOQUE

La mejor forma de cambiar de enfoque hacia algo más positivo es recordar las épocas en que te sentiste más satisfecha y con más confianza en tí misma. En primer lugar, puedes elegir hacer algo que sepas que sabes hacer bien y hacer planes para iniciar un proyecto que te produzca satisfacción. En segundo lugar, puedes pensar en una situación o en un día específico. ¿Qué hizo que ese día fuera tan especial? ¿Qué estabas haciendo? Piensa en ese día y procura sentir de nuevo esa sensación. Conéctate con tus pensamientos, tus sentimientos y tus acciones durante ese día. Concentrarte en los detalles que hicieron que un día específico fuera un día grandioso te podrá ayudar a abrirte hacia la posibilidad de muchos otros días similares.

4. *Reinvéntate*

*"Sé siempre la versión de primera clase de ti misma
y no la versión de segunda de otro". —*Judy Garland

Me permití explorar y experimentar para descubrir exactamente quién quería ser. Sabía que quería ser fiel a mí misma, pero también sabía que quería hacer algunos cambios. Una vez que fortalecí mi confianza, me permití buscar otros aspectos de mi personalidad que quería desarrollar. Hice un esquema para definir cuál era exactamente la clase de madre, hija, hermana y amiga que quería ser. Ante todo, quería ser una mejor versión de la niña que había sido antes de iniciar mi carrera. Utilicé mi divorcio como un momento para reflexionar no sólo acerca de mi matrimonio pero también acerca de los últimos diez años de mi vida. Era tan joven cuando me propusieron participar en el concurso de belleza, que todavía no había consolidado mis metas, mis esperanzas ni mis sueños. Era ingenua e idealista, además, era impresionable. Creo que me dejé influenciar en muchos aspectos de mi vida y mi carrera. Si alguien me daba un consejo, lo seguía a ciegas, porque pensaba que esa persona debía saber más del tema que yo por el simple hecho de que había estado en el negocio durante mucho más tiempo.

Creo que tuve la fortuna de que me hubieran dado todas las oportunidades que mi carrera puede ofrecer; sin embargo, una parte de mí se siente como si realmente no hubiera tenido la oportunidad de convertirme en quien realmente quería ser. La mayoría de mis amigas fueron a la universidad y pudieron empezar una nueva etapa de sus vidas a los dieciocho. Yo decidí parar y darme la oportunidad de hacerlo a los veintinueve. Me tomé el tiempo para definir lo que quería hacer con el resto de mi vida. Hice tantas listas de planes y sueños. (Iré a París y quiero conocer *toda la ciudad*. Aprenderé francés... italiano... y portugués. Volveré a tomar clases de violín... La lista es interminable.) De inmediato me dediqué a perseguir algunos de mis sueños y mis planes mientras que otros han quedado en espera hasta que mis niños estén lo suficientemente grandes como para ir solos a sus prácticas de béisbol. Pero los planes aún están ahí, escritos en mis libretas, esperando que los convierta en realidad.

Nota de Jinny

SOBRE REINVENTARTE

Toma esto como la oportunidad para aprender más acerca de ti misma. Sé consciente de quién eres y quién quieres ser. Sé sincera contigo misma y no olvides identificar las áreas donde debes mejorar. ¿Debes aprender a ser más decidida? ¿Menos exigente contigo misma? ¿Más amable contigo misma? Aprovecha este tiempo para reinventarte y convertirte en quien siempre has querido ser. Piensa en tus sueños y en tus deseos —en lo que siempre has querido hacer pero por algún motivo has olvidado por el camino. Ya se trate de saltar en paracaídas, montar un restaurante, escalar el Kilimanjaro o mudarte a otro país, date la oportunidad de cambiar tu vida por completo. No muchos tienen la ocasión de hacerlo, así que, por más doloroso que haya sido tu divorcio, aprende a verlo también como una bendición. Asume la responsabilidad de reconstruir una vida emocionante.

5. *Llénate de poder*

Algo que ocurre con el matrimonio es que uno se acostumbra a decidir las cosas y a hacer planes en equipo. Estaba tan acostumbrada a consultar cada decisión con mi esposo que cuando dejamos de estar juntos, me sentí perdida. Por mucho tiempo, consultaba todo con mis amigas, con mi familia, en un esfuerzo por recuperar ese apoyo adicional al que estaba tan acostumbrada. Sin embargo, a medida que fue pasando el tiempo, fui sintiendo que recuperaba poco a poco el control de mi vida, me di cuenta de que tendría que empezar a tomar mis propias decisiones —sola. No podía seguir preguntándole todo a mis amigas y a mi familia. Era bueno contar con ese apoyo y esa seguridad que tenía en mi mamá, en Jinny, o en una amiga. Ellas podían decirme que estaba haciendo lo correcto, y eso me tranquilizaba. Sin embargo, sabía que no podía continuar toda la vida con ese apoyo. Sabía que tarde o temprano tendría que arreglármelas sola. En lugar de desecharlo de inmediato, decidí irlo alejando centímetro a centímetro.

Sabía que todavía no estaba lista para tomar mi gran decisión, por lo que me limité a decidir primero cosas pequeñas. Aceptaría cualquier reto que pareciera tangible, cualquier cosa que *supiera* que podía manejar y salir victoriosa (como por ejemplo, redecorar las habitaciones de los niños). Luego me permití enfrentarme a adversarios más difíciles. Poco a poco, pero con firmeza, empecé a ver cómo podía ir conquistando cada reto que me proponía, por mucho trabajo que me costara al principio. Recuerdo un día haber mirado cada rincón de mi casa, sintiéndome muy orgullosa de cómo se veía, y luego darme cuenta de que lo había hecho todo yo. La sensación de logro que experimenté en ese preciso momento debió ser algo similar a lo que se siente al estar de pie en la cima del Monte Everest: Pasé de no querer salir de mi habitación a redecorar y reorganizar todos los ambientes de mi casa. Me había propuesto un reto y lo había logrado.

Otra ocasión en la que me sorprendí a mí misma fue un día que decidí que llevaría a Cristian a Disney World, yo sola. Recuerda que prácticamente no había hecho nada sola durante el último año. Pero ese día, subí a Cristian al automóvil, conduje cuatro horas de Miami a Orlando, recogí a su hermana, y luego los tres nos fuimos a Disney World. Sólo los niños y yo, y por fin me volví a sentir capaz y autosuficiente. El hecho de tomar todas estas decisiones, aparentemente pequeñas, me ayudó a aumentar mi confianza en mí misma de manera que cuando fue necesario, me sentí lo suficientemente fuerte como para tomar decisiones más importantes (por ejemplo ¿quería quedarme en Miami, donde estaba segura y cómoda? ¿o quería mudarme a otra ciudad, donde pudiera continuar poniéndome retos?). El empezar por cosas pequeñas me permitió recobrar la confianza en mí misma y darme cuenta de lo que era capaz de lograr.

Nota de Jinny

SOBRE LLENARTE DE PODER

Tu poder está en lo que tú elijas. Entre más pronto comiences a elegir por tí misma —tanto en cosas grandes como en cosas pequeñas— más pronto te darás cuenta de que controlas tus sentimientos y tu vida. Una de las cosas más frustrantes que se experimentan durante un divorcio es la sensación de impotencia que a veces abruma a las mujeres cuando sienten que el plan de su vida les ha sido arrebatado. Tan pronto como te des cuenta de que tu vida sigue ahí y que aún está disponible para que la vivas, comenzarás a sentirte mucho más fuerte y poderosa. Tú eres responsable por tus propias decisiones y tu autoestima. No esperes a que quienes te rodean te den el poder, y no permitas que tomen tus decisiones por ti. Por mucho que te quieran y que se preocupen por ti, sólo tú sabes lo que mejor te conviene. Ya se trate del color del que quieres pintar tu alcoba o de dónde vas a vivir, cada decisión que tomas te ayudará a reconectarte con la persona que eres y con lo que quieres que sea esta nueva vida tan espectacular que tienes por delante. Reflexiona y busca en tu interior aquello que te hará sentir poderosa.

6. *Sé valiente*

*"Sea valiente. Corra riesgos. Nada puede
sustituir a la experiencia".* —Paulo Coelho

No siempre sabía qué me esperaba a la vuelta de la esquina y al principio, esto me producía terror. Pero luego empecé a sentir la emoción de avanzar hacia lo desconocido. Empecé a recordar la muchacha valiente y avnturera que una vez fui. Cuando tenía diecisiete años y estaba viajando por Europa y Asia durante mi año como Miss Puerto Rico, iba normalmente de un país a otro sin el menor temor. No tenía dinero, ni chaperona, ni teléfono celular ni tampoco hablaba otro idioma que no fuera el español. En esa época, el concurso no nos daba viáticos, ni comitiva, ni traductor. Teníamos que arreglárnoslas solas. ¡Dios mío! Ahora pienso que tal vez debía haber sentido un poco de miedo, pero en ese entonces creo que ni siquiera pensaba en la palabra miedo. Era valiente, porque no me permitía ninguna otra alternativa. Ahora, ante el divorcio, tenía dinero, chaperonas y teléfonos celulares. Habría podido confiar en todos estos lujos, pero decidí, en cambio, que volvería a ser esa niña valiente de diecisiete años. No me permití otra opción.

En el 2005, menos de dos semanas antes del *Premio Lo Nuestro* (el programa de premiación de más sintonía en América Latina), mi representante recibió una llamada de los organizadores del programa para preguntarme si yo querría hacer un número de flamenco sorpresa, durante la presentación de un cantante de pop. Sin vacilar dije que sí, que naturalmente lo haría. En retrospectiva, puedo decir que tal vez fue una locura. Nunca antes había bailado flamenco, pero me comprometí a ensayar por primera vez en el escenario, en un programa de premios de televisión con una enorme audiencia. Cualquiera puede aprender a bailar flamenco en diez días ¿no es cierto? Tenía que serlo, o por lo menos eso decidí. Volví a ser esa niña decidida y valiente de diecisiete años que no pensaba dos veces antes de aceptar un reto. Por lo tanto, casi dos semanas después de esa llamada telefónica, estaba en el escenario, en un auditorio ante un público inmenso, luciendo un vestido rojo encendido, bailando flamenco. Fue uno de los momentos más liberadores de mi vida. No bailaba para el público ni para las cámaras. Bailaba únicamente para mí.

Durante mis cinco años como anfitriona de dos programas de televisión en las Filipinas, siempre tuve que aprender rutinas de baile. Bailar era lo que más me gustaba de mi trabajo como presentadora de televisión porque me sentía libre. Inclusive, todos en Filipinas comenzaron a llamarme la "Dancing Queen" ("la Reina del Baile", un sobrenombre del cual me enorgullezco como buena puertorriqueña que soy). En el escenario, esa noche, me sentí de nuevo como la Yari de antes. Recuerdo haber ido tras bambalinas a ver a mi amiga y representante, Jennifer, quien me había acompañado durante todos mis altibajos. Vi que tenía los ojos aguados y, en ese momento, me di cuenta de que sentía lo mismo. En ese escenario había vuelto a renacer. Minutos después del baile, salí de nuevo al escenario a entregar un premio y todo el auditorio se puso de pie y me brindó una ovación que no olvidaré jamás. Por siempre estaré agradecida con el público que me vio esa noche, pero, ante todo, me doy cuenta de que debo darme también las gracias a mí misma por tener el valor de decir que sí, porque, en esencia, estaba diciendo que sí a mucho más. Estaba diciendo, "Voy a volver y volveré a ser quien soy", porque unas pocas semanas antes había decidido que iba a considerar mi divorcio como una hoja en blanco. Que empezaría de nuevo y volvería a ser la muchacha alegre y vivaz que sabía cómo cautivar al público mientras bailaba para nadie más que para mí misma. Y eso fue exactamente lo que hice.

Nota de Jinny

SOBRE SER VALIENTE

No hay que esquivar los obstáculos difíciles y doloro-sos de esta parte de la reconstrucción. Son cosas que necesariamente llegan y amenazarán con destruir todo aquello por lo que ha estado luchando. Recuerda el valor que ya has demostrado al tomar la decisión de salirte de una relación poco sana, a pesar de las presiones sociales y emocionales que eso implica, y aplica ese valor para enfrentar todas los tropiezos con los que te puedas en-contrar. Recuerda: Ya has superado todos los principales obstáculos; cualquier tropiezo que encuentres en el ca-mino de aquí en adelante, lo podrás superar.

Palabras finales sobre la reconstrucción

Justo cuando estaba lista para empezar a andar, pasito a paso, para salir de la fase de aceptación y entrar a la de reconstrucción, ya me sentía lista para correr, zancada a zancada, para pasar de la fase de reconstrucción a la de mi redescubrimiento. Ya me había centrado lo suficiente en mí misma. Me gusta ser como soy, pero estar es-forzándose constantemente por investigarse a fondo ¡es agotador! Simplemente quería volver al mundo y mostrar lo que tenía en mí. Había estado sentada en el banco por demasiado tiempo. Respiré profundo y comencé a correr... a navegar... a volar. Mi mirada es-taba fija en el horizonte y mi corazón estaba ansioso.

Tercera Parte

Redescubrimiento

Disfrutar la vida

"Bailar como si nadie nos viera; amar como si nunca
nos hubieran herido; cantar como si nadie nos oyera;
vivir como si fuera el cielo en la tierra".
—*Mark Twain*

Cuando al fin llegué a la fase del redescubrimiento, estaba emocionada de entrar de un salto al futuro. Fue algo extraordinario, revigorizante... y difícil. Sé que probablemente estarás pensando, "Bien, hasta el momento siempre he dicho que cada paso de este proceso es difícil". Eso es porque estoy siendo muy franca; esto no es un paseo. Todo el período de recuperación y redescubrimiento es duro. Hay días en los que me he sentido como si estuviera corriendo a toda la velocidad y que nadie ni nada me puede detener. Y también hay días en los que me estrello contra una pared y tengo que tomarme un descanso. Aún tengo esos días, y estoy saboreando cada momento, tanto los buenos como los malos. Fueron muchos los años durante los cuales no me permití correr a toda velocidad, y nunca me quedaba sin aliento intentando encontrarme. Me dejé ir hasta que me convertí en una persona totalmente distinta a mí, en una muchacha que escasamente conocía. El día que inicié mi fase de redescubrimiento fue el día en que estuve lista para encontrar de nuevo a la Yari de antes. Claro que no tenía la menor idea de que estaba "entrando en mi fase de redescubrimiento". Nunca supe que estuviera entrando a ninguna de las fases hasta que miraba hacia atrás e identificaba aquellos momentos precisos en los que me decía "¡Ajá!". En esta fase, el momento de "¡Ajá!" me llegó con una lata de pintura rosada.

Cuando conocí a mi ex esposo yo era el tipo de niña a la que le gustaba la pintura rosada. Era vivaz y estaba ansiosa por conquistar el mundo. Estaba estudiando portugués y aprendiendo a tocar violín, iba a tomar lecciones de actuación y, lo mejor de todo, me iba a mudar a Los Ángeles. Tenía toda una lista de sueños que ya ni siquiera recuerdo porque dejé que escaparan volando por la ventana en el instante mismo en que conocí a mi ex esposo y permití que mi relación se convirtiera en mi vida. ¿Qué pasó con mi vida anterior? Lamento tener que decir que salió volando por la ventana junto con el portugués y los tiquetes aéreos a Los Ángeles. Y eso, al fin lo puedo admitir, fue mi culpa. ¿Por qué no me aferré al violín cuando me enamoré perdidamente? Tal vez porque quería dejarme llevar completamente por aquella dulce sensación, no quería que nada me retuviera. Pero después de casi un año de caída libre, aterricé al fin en la realidad de mi matrimonio, y me di cuenta de que ya ni siquiera recordaba quién era.

No estaba trabajando, había abandonado todas mis pasiones y estaba viviendo en Long Island, muy lejos de mi familia y de mis amigos. Había dejado que se me venciera la licencia de conducir. Pasaba mis días deambulando por la casa, y nunca me había sentido tan pobre, tan sola, ni tan perdida. No sabía qué hacer conmigo misma. El simple hecho de ir a Manhattan para una cita con mi ginecóloga era toda una aventura. Redecoraba algunas partes de la casa, por puro aburrimiento, y los colores que utilizaba eran siempre gris y beige. ¡Dios mío! Jamás había sido una muchacha de grises o beige, pero esta era la persona en que me había convertido. Cambié los colores vivos por los muertos en cuestión de meses.

Durante mucho tiempo, me fue imposible darme cuenta de que había perdido gran parte de mi personalidad y mi vivacidad. No pude verlo mientras estuve casada ni después del divorcio. Sólo cuando superé las etapas de aceptación y reconstrucción, mientras miraba a mi mamá pintar mi habitación de un rosado intenso, comencé a entender cuánto había cambiado y hasta dónde había llegado. Es posible que para otra persona esto no parezca tan grave, pero para mí era terrible. Esas paredes rosadas significaban mucho más para mí de lo que puedo expresar, y no me detuve ahí. Puse cortinas color malva, cojines de plumas, margaritas gigantes, fotografías de París y un enorme retrato de Audrey Hepburn. Era la habitación de una niña. Era totalmente perfecta para mí. Estaba muy orgullosa de mí y de mi habitación color rosa. Estaba volviendo a vivir. También cambié de peinado y me pinté el pelo de rojo —lo cual no fue mi mejor *look*, pero bueno. Empecé a consumir una dieta más sana y a ir al gimnasio. Fui al *spa* y me hicieron masajes (¿Por qué no lo había hecho antes?). Elegí el asiento de la ventana en el avión, en lugar de conformarme siempre con el del pasillo. Me parecía fascinante que el clóset fuera mío —todo mío— y empecé a salir de paseo con los niños los fines de semana. Lo cierto es que me tomó muchísimo tiempo llegar a un punto en el que comencé a notar que revivía, pero una vez que empecé a ver esos pequeños logros, me sentí mucho mejor conmigo misma. Con mi nueva confianza, recién recuperada, me sentí lista para perseguir metas mayores. Iba camino al redescubrimiento total y no pensaba detenerme.

Después de la aceptación y la reconstrucción, después de todas las dudas que llegué a sentir, después de todo el dolor, salí de mi habitación y decidí que iba a retomar control de las cosas. Me propuse no sólo redecorar cada habitación de la casa sino también reorganizar cada rincón. Me divertí mucho redecorando, pero cuando llegó el momento de reorganizar, la tarea me pareció monumental, porque debía hacer un esfuerzo consciente por estar de nuevo al mando.

Cuando cerramos nuestro divorcio, yo me fui a vivir a una casa en Miami y mi ex esposo vivía en nuestra antigua casa de Nueva York. Todas las cosas de los niños y todas mis cosas nos fueron enviadas a la casa de Miami. *Todo*. Al principio fue algo tan abrumador que lo único que quise fue dejar las cajas en el garaje y olvidarme de ellas. Era demasiado difícil ver la pila de cajas, pero además me abrumaba el hecho de que parecía que todo mi matrimonio estuviera empacado ahí. Simplemente no tenía el ánimo de abrirlas. Por fin, un día, supe que si quería reclamar mi nueva vida, tenía que abrir las ruinas de mi pasado. Fue muy doloroso revisar el contenido de todas las cajas, pero por alguna extraña razón, también fue terapéutico. Terminé por regalar o donar gran parte de lo que contenían las cajas, no por amargura ni cinismo, sino porque quería empezar con todo nuevo.

Lo que guardé lo conservé por alguna razón. Guardé el álbum y el video de nuestro matrimonio para podérselos dar un día a mis hijos. Quería que vieran lo hermosa que había sido la boda y lo enamorados que estábamos y mostrarles que eran el producto de una maravillosa relación de amor. Guardé nuestras fotografías favoritas; cantidades de fotografías de los niños con su padre cubren las paredes de sus habitaciones para que siempre sepan que él está con ellos. Hay ciertos tesoros que también conservé. Pero más que todo, me deshice de muchas cosas, y eso me hizo sentir muy bien.

Nota de Jinny

SOBRE EL REDESCUBRIMIENTO

La fase del redescubrimiento no debe terminar jamás; por lo tanto, debe ser más bien una especie de ciclo. No se trata de superar etapas, sino de dar pasos que se repiten constantemente cada vez que se busca una nueva meta.

PASO   I: Considerar las posibilidades
PASO II: Prepararse para el cambio
PASO III: Actuar
PASO IV: Mantener el ciclo en movimiento

Ya sea después del divorcio o en cualquier momento de tu vida, es importante fijarte metas, ya sean grandes o pequeñas. Pero también es importante estructurarlas de forma organizada. Entre más claro sea el plan para alcanzar esas metas, más fácil será llevarlas a término.

PASO I: *Considerar las posibilidades*

"Lo que hay que preguntarse no es quién me lo va a permitir, sino quién me va a detener". —Ayn Rand, *The Fountainhead*

Ante el prospecto de reinventar toda la vida que tenía por delante, saqué todas mis viejas libretas de notas de la fase de reconstrucción y las revisé para ver los planes, los sueños y las metas que me había propuesto. Dios mío, ¡cuántos planes! Tenía planes alocados que aún hoy en día, podría tratar de alcanzar. Pero había tres que quería lograr de inmediato y que *debía* proponerme lograr sin demora. Anoté estos tres planes, junto con mis motivaciones para establecer dichas metas:

META #1: COMENZAR A TRABAJAR DE NUEVO

Motivación: Por más terrible que pueda ser, a veces, tener que despertarse cada mañana e ir a trabajar constituye una parte esencial de la vida humana. Nos hace sentir productivos y que somos parte activa del mundo que nos rodea. Sabía que eso me haría feliz, que me llenaría de satisfacción, que me haría una mejor madre y que reforzaría mi confianza en mí misma. Durante mi matrimonio, lo que más falta me hacía de mi vida anterior era el trabajo. Yo había sido actriz, modelo y presentadora de televisión durante varios años y, de un momento a otro, me encontraba sin nada que hacer. Me hacía falta verme rodeada de gente y echaba de menos la alegría que me producía trabajar.

META #2: MUDARME A LOS ÁNGELES

Motivación: Vivir en Los Ángeles había sido uno de mis sueños durante años. Hacia allá me dirigía cuando conocí a mi ex esposo, y fue ese sueño el que dejé colgando cuando decidí irme a Nueva York. Cada vez que viajaba a Los Ángeles (después del divorcio) para un trabajo o una audición, sentía que era lo correcto. Allí me sentía en casa y, lo que es más, me sentía independiente. Tenía que hacerlo, no sólo por mi carrera sino por mi propio bienestar y el de mis hijos.

META #3: IR A PARÍS, CONOCER TODA LA CIUDAD, E IR A LA PANADERÍA EN BICICLETA A COMPRAR EL PAN

Motivación: ¡Porque sí! ¡Siempre había querido hacerlo! Había algo de París que siempre me había atraído, y sentía que al fin había llegado la hora de ir a conocer la ciudad tal como siempre lo había soñado.

Después de anotar estas metas junto con las motivaciones que me llevaron a fijármelas, me di cuenta que estaba refiriéndome a tres aspectos que había intentado mejorar durante todo el proceso: La confianza en mí misma, mis habilidades y mi valor personal. Volver a trabajar aumentaría mi confianza y me haría sentir otra vez segura de mí misma. Irme de Miami y de todo lo que conocía me haría sentir independiente y competente de nuevo. Y viajar a París y dedicar tiempo y dinero a mi propia felicidad era una forma de convencerme de que ¡me lo merecía!

Eran tres metas muy grandes que me cambiarían la vida (al menos las dos primeras), y me iban a costar mucho tiempo y dinero, si quería lograrlas. Entonces, debido a que ya no tenía dieciocho años, debido a que tenía obligaciones financieras y debido a que tenía dos hijos a mi cargo, tuve que detenerme y pensar muy bien las razones por las cuales quería lograr estas metas. ¿Estaba tratando de probarme algo a mí misma (una razón válida), estaba tratando de probarle algo a los demás (una razón menos válida), o estaba simplemente huyendo de mi dolor (una razón que no era válida en absoluto)? Tenía que pensar también en mi futuro y ver si estas eran metas con las que podía vivir a largo plazo. Si bien ir a París no tendría ninguna consecuencia grave en mi vida ni en la vida de quienes me rodeaban, volver a trabajar y mudarme a Los Ángeles sí las tenía. Y eso tenía que pensarlo. También tenía que detenerme a pensar cuidadosamente si mis metas eran o no realistas (habrá tiempo para metas menos realistas, cuando los niños crecieran, cuando yo saliera de esta fase de transición, pero, por ahora, tenía que lograr el éxito). Para cada una de mis metas decidí:

1. Sí, lo estaba haciendo por mí
2. Sí, estaría satisfecha con esto en el futuro
3. Sí, era realista y podía lograrla

Fue entonces cuando consolidé mis tres grandes metas, las anoté en una hoja de papel, la puse en el espejo de mi cuarto de baño y comencé a elaborar un plan.

Nota de Jinny

SOBRE CONSIDERAR LAS POSIBILIDADES

Éste es el momento preciso para cerrar los ojos e imaginarte la vida que deseas tener. Tómate tu tiempo, piensa y analiza quién eras antes, quién quieres ser y las cosas que deseas lograr. Éste es el momento en que debes empezar a considerar la idea de correr riesgos y avanzar sola. En este momento, lo importante no es el compromiso, sólo tienes que pensar y permitirte descubrir nuevas ecuaciones entre tus opciones, necesidades y deseos que quisieras satisfacer durante tu vida.

Algunas de las preguntas que te servirán como proceso de selección para tus aspiraciones son:

¿Está de acuerdo esta meta con mis valores y creencias?
¿Qué costos y beneficios implica esta meta?
¿Cuáles son los costos y los beneficios de no perseguir esta meta?
¿Es esta una meta alcanzable?

Es importante reconocer que, al establecer tus metas, tienes que asegurarte no sólo de que sean consistentes con tus valores sino que sean también alcanzables. Una de las cosas más duras a las que se puede exponer es esforzarse realmente por alcanzar una meta que al final no concuerda con tus valores y que no es algo factible para ti. Sólo te hará sentir fracasada y esto interrumpirá el proceso de redescubrimiento. Debido a todos los cambios emocionales a los que te ha visto sometida, éste puede resultar un proceso largo y difícil; tienes que ser consciente de esto y tienes que estar dispuesta a enfrentarlo. Date tiempo para estudiar tus opciones y no te apresures. Aunque es un proceso muy personal, tu familia y tus amigos pueden servirte de apoyo, sobre todo cuando te resulte difícil hacer la lista de esas metas y esos sueños en los que puedes haber dejado de pensar desde hace tiempo.

PASO II: *Prepararse para el cambio*

"No prepararse es prepararse para fallar". —Anónimo

Soy una muchacha a la que le gustan los planes, por lo tanto, una vez que pegué la lista en el espejo de mi cuarto de baño, comencé a prepararme. La primera meta, "Volver a trabajar", me miraba a la cara cada mañana, y cada mañana hacía pequeños planes. Antes de casarme, tenía una exitosa carrera como actriz en Filipinas y Puerto Rico. Inicialmente había pensado trasladar este éxito en el campo de la actuación a los Estados Unidos (esa era mi intención cuando hice los preparativos para viajar a Los Ángeles en 1999). En cambio, encontré a mi ex esposo, me fui a vivir a Nueva York y me centré en convertirme en esposa y madre. Ahora, cinco años después, podría retomar mi carrera donde la había dejado, pero esto no es nada fácil de hacer en el mundo de hoy, ¿no es verdad?

No podemos esperar volver a entrar al juego después de haber permanecido sentadas en el banco durante años. No era ingenua; acepté ese hecho y mis expectativas eran realistas. Sabía que requeriría mucha preparación, por lo que empecé a elaborar un plan.

El primer paso de mi plan consistía en reunir mis recursos (lo que por lo general significaba comunicar mi meta a mi familia y a mis amigos). Por ejemplo, cuando decidí que quería volver a trabajar, llamé a todos mis antiguos amigos y colegas, que sabía que harían hasta lo imposible por ayudarme. También expliqué mis intenciones a mi familia, quienes me respaldarían cien por ciento. Créanme que tener el apoyo de los amigos y la familia durante esta primera etapa de la gran transición fue esencial. Sabía que sin ellos no podría hacerlo. Ya es suficientemente difícil salir a buscar trabajo, por lo que siempre conviene saber que hay alguien a quién acudir cuando uno se siente desanimado.

En relación con mi segunda meta, la de mudarme a Los Ángeles, mi familia, en Miami, se mostró menos entusiasta, por lo que supe que no eran las personas más adecuadas para hablar de esa meta. Aunque, naturalmente, les informé lo que pensaba hacer, no pedí su apoyo inmediato a este plan, porque sabía que no les agradaría. Pero, tenía buenos amigos en Los Ángeles, que apoyaron mi decisión y que estaban dispuestos a ayudarme cuando llegara, incluso a buscar una casa. Estos amigos fueron los recursos que necesitaba para mudarme a Los Ángeles y fueron los que me ayudaron a que este proceso fuera menos difícil.

En cuanto a mi tercera meta, ir a París, hice un plan con mi buen amigo y fotógrafo Omar, quien conoce a París al derecho y al revés y lo convencí de que me acompañara en ese viaje.

Estoy segura de que tus metas son totalmente distintas a las mías, pero sean las que sean, es importante que te *prepares* para ellas. Si algo aprendí durante todo este proceso es que si bien definir las metas es el primer paso, y un paso muy importante, de nada sirve si no se prepara y busca a las personas que podrán ayudarle a lograrlas. De lo contrario, su meta será sólo un sueño inalcanzable (por ejemplo, mi violín y yo).

Nota de Jinny

SOBRE PREPARARSE PARA EL CAMBIO

El cambio no siempre es fácil. A fin de estar lista para cambiar, debes identificar tus motivaciones. Éstas son las que te impulsan a alcanzar tu meta, sobre todo en los momentos más difíciles. Describe tus metas en una hoja de papel y pónla donde puedas verla todos los días (en el espejo del baño, en la puerta de la nevera, etc.). Será un recordatorio de que debes actuar y será también una fuente de fortaleza. Después, será el momento de elaborar un plan de acción y de comenzar a reunir recursos:

1. **ELABORA UN PLAN DE ACCIÓN:** Elaborar un plan de acción es tan esencial como el compromiso de ponerlo en práctica. El plan de acción te ayudará a organizar tus ideas y a dividir tus metas en pequeños segmentos fáciles de alcanzar. De nada sirve, por ejemplo, ser un cirujano si no tiene conocimiento previo de ese campo de la medicina. Avanzar con esos pequeños pasos te hará sentir tranquila y motivada para avanzar en la dirección correcta. La sensación de éxito que experimentarás al dar cada uno de esos pequeños pasos te dará una enorme satisfacción que, a la vez, te dará fuerzas para seguir

avanzando hacia el logro de tu meta. Es conveniente también siempre tener presentes algunos de los obstáculos potenciales que se pueden encontrar en el proceso de alcanzarla. Sin embargo, no te concentres en los aspectos negativos. Piensa en algunas soluciones para superar dichos obstáculos.

2. **IDENTIFICA LO QUE TIENES Y LO QUE NECESITAS:** Es el momento para saber si requieres de algún apoyo o de algunas destrezas particulares para alcanzar tu meta. El apoyo es siempre conveniente cuando se hace un cambio. Busca apoyo en tu familia o en las personas en quienes confías; te ayudarán a avanzar en la dirección correcta. Siempre es más divertido celebrar los logros en compañía de los seres queridos.

PASO III: *Actuar*

"¡Avance con seguridad en dirección a sus sueños!
Viva la vida que ha imaginado". —Henry David Thoreau

Entonces, tenía las metas en el espejo de mi cuarto de baño, los planes estaban escritos en la libreta de notas al lado de mi cama, y ya había reunido mis recursos. Había llegado el momento de dejar de escribir, de hablar y de hacer planes. Era hora de actuar. En este momento, di el paso que me comprometería con mi meta. Debía contratar un representante, o contratar una empresa de mudanzas, o comprar un tiquete aéreo para París. Cada una de estas acciones haría que mi meta se volviera más real y aumentaba así mi nivel de compromiso. Entonces pensé, "Muy bien, realmente vas a hacer esto. Adelante".

Para ser franca, no siempre es fácil comenzar a avanzar hacia tus metas. Por ejemplo, cuando decidí volver a trabajar, aún vivía en Miami, pero la mayoría de mi trabajo estaba en Los Ángeles. Si había una audición o un trabajo, tenía que tomar un avión y viajar hacia el otro extremo del país. Esto no es fácil cuando se tienen dos niños pequeños. No podía seguir llevándolos al aeropuerto cada vez que me llamaban, pero tampoco quería dejarlos por demasiado tiempo. Los dejaba con mi mamá o con Jinny, pero me resultaba muy difícil separarme de ellos por más de un día. La mayoría de las veces, tomaba el avión en la mañana, llegaba a Los Ángeles para la audición o para el trabajo y volvía a tomar un avión tan pronto como terminaba. Aunque todo el proceso era agotador, también era muy emocionante. Para mí, la clave para mantenerme activa era centrarme en la sensación de entusiasmo más que en la sensación de agotamiento. Mientras me sintiera orgullosa y segura, mientras tuviera el tiempo de detenerme de vez en cuando y admitir que estaba haciendo lo correcto, estaba satisfecha y podía seguir avanzando.

Cuando me detuve la primera vez a mirar a mi alrededor para ver el resultado de mis actos, me di cuenta de que era mejor madre, mejor hija, mejor hermana y mejor amiga, porque sentía que había recuperado el control de mi vida. Aunque estaba ocupada, sentía que les estaba dando más a mis hijos, porque tenía logros de los que me sentía orgullosa y un futuro hacia el cual avanzar. Y esta vez, era un futuro al que no estaba dispuesta a renunciar.

Nota de Jinny

SOBRE ACTUAR

Aunque tal vez parezca que esta sea la última etapa del cambio, de hecho, es sólo el comienzo de un proceso de trabajo. No siempre es fácil, sobre todo al comienzo, donde resulta muy difícil tener fe en los resultados. No permitas que eso te desanime; sigue adelante porque estás desarrollando tu confianza en tí misma, con cada paso, por más pequeño que sea. Una vez que comiences a ver los resultados y a celebrar tus éxitos con tu red de apoyo, te sentirás más dispuesta a trabajar y a esforzarte cada vez más por alcanzar tus metas finales. Este proceso te dará además la oportunidad de desarrollarte como persona y de encontrar cosas maravillosas en tí que de otra forma jamás habrías descubierto. Es una oportunidad para aprender. Disfruta el proceso y permítete sentirte orgullosa de lo que has aprendido y de las nuevas capacidades que has adquirido.

Al hacer estos cambios, es importante recordar que suelen ser necesarios de tres a seis meses para modificar ciertos comportamientos, de manera que no desistas. No te preocupes. Todo se irá haciendo más fácil y, eventualmente, se convertirá en algo natural.

PASO IV: *Mantener el ciclo en movimiento*

"Muchos tienen sueños. Pocos hacen algo por convertirlos en realidad". —José I. Álvarez

Para mí, la belleza de lograr cada nueva meta era que me hacía querer establecer otra más. Ahora que el ciclo estaba en movimiento, no quería detenerlo. Mi primera meta (volver a trabajar), desembocó en la segunda (mudarme a Los Ángeles). Sólo pasaron tres meses entre el momento en que tomé mi decisión y el momento en que me mudé. Para mí, esto no fue difícil. Una vez que tomé la decisión, no me di tiempo de reconsiderar la idea de quedarme en Miami. En el fondo, sabía que debía mudarme. Necesitaba volver a arrancar en limpio. Necesitaba estar sola y no tener a nadie más en quien confiar, sólo en mí.

Contraté a la compañía de mudanzas y comencé a buscar un apartamento. Empecé a buscar colegios para los niños y, lo más difícil de todo, di la noticia a mi familia y a mis amigos en Miami. Fue muy difícil dejarlos a todos allí. Allí estaba Jinny. Allí estaba mi mamá. José y toda su familia vivían allí. Tenía este increíble grupo de personas que me rodeaba, en Miami... y era exactamente por eso por lo que tenía que irme. A menos que me forzara a hacerlo, jamás saldría de allí y jamás exploraría el mundo. Por más cómoda, abrigada y segura que me sintiera en Miami, sencillamente tenía que salir y enfrentar el mundo por mí misma. De no haber sido así, nuca me habría convertido en la mujer que quería ser.

Tenía razón. Tan pronto como llegué a Los Ángeles, me convertí en una persona más independiente. En Miami, me ceñía a una rutina: Llevaba a los niños al colegio, iba al gimnasio, salía de compras, y repetía la rutina. Pero en Los Ángeles, tenía una sensación de aventura. Durante los dos años que viví en Miami, nunca supe cómo llegar a ninguna parte sin mi GPS, sin embargo, después de tan sólo una semana en Los Ángeles, sabía cómo orientarme por las autopistas sin necesidad de un GPS. Además, en cuestión de semanas, tenía más amigos de los que había hecho en los en los dos años que estuve en Miami. La diferencia es que era una ciudad de la cual quería apropiarme. Quería conocer sus avenidas y sus calles, todos sus rincones. Quería establecer una red sólida y tener un amplio grupo de amigos a quienes invitar a los asados los domingos. Estaba empeñada en adueñarme de Los Ángeles. Era mi ciudad. Nadie la había elegido para mí; la elegí yo misma. Y eso es lo que la hace aún más bella a mis ojos.

Hace relativamente poco me di cuenta de que al estar aquí, ya cerré el círculo. No pienso irme de Los Ángeles en un futuro cercano. Éste es el lugar al que había querido venir desde hace tantos años, hacia donde venía cuando conocí a mi ex esposo en ese club nocturno de Puerto Rico. ¿Lamento haberlo conocido en ese entonces? Por supuesto que no. De no haber sido así, no sería la persona fuerte y estable que soy ahora. No tendría a mis dos hijos, los amores de mi vida. No entendería la importancia de aferrarme a mis propios sueños e ir tras ellos. Cada día que paso en Los Ángeles me recuerda que debo perseguir mis sueños y mantener andando mi ciclo de redescubrimiento... Es por eso que fui tras mi tercera meta, apenas tres meses después de haberme mudado a mi nuevo hogar en California. Aunque, aparentemente, era "la menos importante" de las tres metas que me fijé en un comienzo, fue crucial para enseñarme una lección sobre mí misma, y esta lección era que ¡merecía ser feliz!

Compré el tiquete de avión a París para poder ver por fin la ciudad como siempre había querido verla y para ir a comprar pan en bicicleta. No me preguntes por qué tenía esta idea fija acerca del pan. No sé cuál sea la razón. Imagino que es una imagen que siempre he tenido de París: una muchacha en bicicleta que va a comprar pan (o al menos eso es lo que imagino que van a hacer las muchachas que andan en bicicleta por París). Había estado en París varias veces antes, pero nunca había visto nada que no fuera una habitación de hotel o el interior de un automóvil en la ciudad. Esta vez, quería ver todos lo barrios de la ciudad. Mi amigo Omar conocía hasta el último rinconcito al que debíamos ir —cada maravilloso y pequeño café, cada lugar de turistas, cada puesto callejero de venta de crepes— así, mis planes consistían en comprar el tiquete de avión ¡y confiar en que Omar fuera mi guía!

Apenas aterrizamos en París, nos dedicamos a recorrer toda la ciudad. O, al menos, las ventas callejeras de crepes. Me fijé una regla que consistía en que tenía que comerme al menos una crepe rellena de Nutella cada día, a veces dos. Fuimos a la Torre Eiffel y a Montmartre; pasamos horas y horas mirando pasar la gente sentados en pequeños cafés; y, naturalmente, fuimos en bicicleta a comprar pan. No tengo palabras para describir la libertad y la felicidad que experimenté en ese momento. Mientras recorría las calles de París en bicicleta, de pronto me di cuenta de todo lo que había avanzado en la vida y de todo lo que me quedaba por recorrer— mi camino apenas comenzaba.

Esta vez fui a París con un amigo y me enamoré de la ciudad. Recuerdo haber pensado cuánto quisiera que mis hijos vieran la magia de este lugar, por lo que organicé un viaje para el año nuevo siguiente. Fui con mis hijos y con algunos de mis amigos y sus familias. Pasamos una semana recorriendo las mismas calles y viendo los juegos artificiales de año nuevo cerca de la Torre Eiffel. Fue entonces cuando me di cuenta de lo cierta que es la frase que dice que París es la ciudad más romántica del mundo, y pensé qué maravilloso sería estar allí con un hombre que ame.

Hace unos meses, mi novio me sorprendió llevándome a mi ciudad favorita y esta vez yo fui la guía. Esta vez no montamos en bicicleta. En cambio montamos en un bote de remos por el Sena.

Él remaba mientras yo me comía una *baguette* y rumiaba el hecho de que había estado en París varias veces durante mi matrimonio y ni una sola vez había hecho esto. Jamás había visto la Torre Eiffel, pero ahora no imagino ir a París sin ir a esa torre, sin esas *baguettes*, sin esas crepes. Es casi vergonzoso para mí decir que todas las veces que estuve en esa ciudad antes de mi viaje con Omar, mi conocimiento de París se limitaba al interior de los hoteles, a las estaciones de radio y a los estudios de televisión. Claro está, que hubiera podido salir a ver la ciudad, pero sabía que todos los demás estaban trabajando o descansando después del trabajo, por lo que simplemente me amoldaba a sus planes. No creo que siquiera hubiera pensado alguna vez en la locura de todo eso. ¡Quién va a París va a la Torre Eiffel! Bien, yo nunca fui. Pero me he encargado de corregir eso. Ese día en París, en el Sena con mi novio, me tomé el tiempo de mirar atrás y ver cuánto había cambiado desde mi divorcio, cuánto me había permitido cambiar, y cómo había utilizado mi divorcio como el catalizador para ese cambio. Me sentía muy orgullosa de mí misma. Era una sensación sorprendente estar allí sentada, recostada por un momento, mientras él remaba y yo me dejaba que me inundara esa sensación de orgullo. Tú también tendrás momentos como éste, y cuando los tengas, recuerda que debes absorberlos, saborearlos y atesorarlos. ¡Te los has ganado!

Con cada nueva meta que alcanzaba, comenzaba a agregar metas nuevas a mi lista para llenar los vacíos. Repaso esa lista constantemente para ver si todavía quiero alcanzar esas metas, e incluso las reorganizo por orden de prioridad. Algunas metas que me parecían absolutamente esenciales hace algunos años tal vez ya no lo sean tanto y viceversa. Mis necesidades y deseos cambian constantemente y, de eso se trata ese ciclo de redescubrimiento, se trata del cambio. Lo más importante es que sigo teniendo el control de las decisiones que tomo y sigo siendo sincera conmigo misma mientras voy viviendo la vida que he forjado para mí.

SOBRE MANTENER EL CICLO EN MOVIMIENTO

Ya en esta etapa, definitivamente estarás respirando con entera libertad. Has logrado tomar nuevamente control de tu vida. Has logrado identificar tus sueños, crear un plan de acción, avanzar hacia tus metas y, lo más importante, realizar cambios. Éste es un proceso que no habrías podido lograr inmediatamente después del divorcio, pero ahora eres más que capaz de mantener todos estos logros en marcha. Mantener el ciclo en movimiento no es el final del proceso; representa sólo el comienzo de la nueva persona en la que te has convertido, de la vida que has vuelto a tomar en tus manos. Ahora puedes enfocar tu atención en alcanzar nuevas metas.

Las herramientas

*Cómo ayudarte en
tu redescubrimiento*

"Nunca pierdo de vista que
el simple hecho de ser es divertido".
—*Katharine Hepburn*

E n *esta última fase,* agregará cuatro piezas finales a tu caja de herramientas (así terminarás con una número redondo de veinte herramientas). Las herramientas de la fase del redescubrimiento son tal vez las cuatro herramientas más importantes de todo el proceso, porque mientras aprendes a manejarlas, podrás mantener una buena relación contigo misma:

1. Reconoce tus nuevas prioridades
2. Encuentra tus propias respuestas
3. Descubre nuevas pasiones
4. Encuentra nuevas y sanas relaciones

1. *Reconoce tus nuevas prioridades*

"Una vez determines quién eres y qué te gusta de ti, todo encaja en su lugar". —Jennifer Aniston

En una de mis muchas libretas de notas, hay un "Cuadro de prioridades" que hace poco diseñé:

Prioridades antes del matrimonio	Prioridades durante el matrimonio	Prioridades después del matrimonio
1. Mi carrera	1. Relaciones	1. Maternidad
2. Mi familia	2. Maternidad	2. Yo
3. Yo	3. Mi familia	3. Mi carrera
4. Relaciones románticas		4. Mi familia
5. Mis amigos		5. Relaciones románticas
		6. Amigos

Al ver este cuadro me sorprendió ver que, durante mi matrimonio, había dejado a un lado tres importantes prioridades (mi carrera, mis amigos y yo). Hoy tengo seis prioridades que me esfuerzo por mantener en orden día tras día. Mi proceso de toma de decisiones es mucho más fácil gracias a este cuadro, que está fijo en algún lugar de mi mente. Por ejemplo, mis hijos son la prioridad número uno, por lo tanto, tomo todas mis decisiones pensando en ellos.

Hace poco estuve en un programa de televisión y expliqué claramente mis prioridades. Para parafrasear lo que dije: Estoy sola con mis dos hijos pequeños y es muy difícil. Pretendo lograr el equilibrio entre ser mamá y ejercer una carrera. Mi papel más importante es el de ser mamá. Cualquier otra cosa es secundaria.

Procuro equilibrar mis dos roles en la medida posible. Mientras no estoy con los niños, cuando están en el colegio, es cuando me puedo concentrar en mis cosas, ir a audiciones, ir al gimnasio, etc. Pero cuando los recojo en el colegio, a las cuatro, todo tiene que ver con ellos. Me alejo del teléfono y de Internet. Es difícil, pero no imposible. Lo que pretendo es estar presente cuando estoy con ellos y realmente estar ahí. No quiero que cuando grandes digan, "Mamá nunca estaba ahí". Quiero que digan "Mi mamá siempre estaba ahí con nosotros. Fue fuerte. Siguió hacia adelante, trabaja y es feliz", porque tengo mis prioridades en orden. Es algo que siempre tengo en mente. Por lo tanto, cada meta que me fijo y cada plan que hago se basa en ese convencimiento.

Nota de Jinny

SOBRE RECONOCER SUS PRIORIDADES

Una vez que hayas establecido tus prioridades, recuérdalas cada día. Es evidente que tienes que ser franca al analizarlas. No te preocupes por la posibilidad de herir los sentimientos de alguien si lo pones por debajo de tu carrera, por ejemplo. Si así es como tienes que organizar tus prioridades en este momento de tu vida, no te disculpes. Tan pronto como tengas tus prioridades en orden, todo lo demás encajará en su lugar.

2. *Encuentra tus propias respuestas*

"Está bien que la tierra sea redonda, así no podemos ver demasiado lejos". —Meryl Streep

A veces, esta es la mejor parte de volver a estar sola: ¡Todo lo decide uno! Supongo que puede pensar que es triste y deprimente tener que ser siempre quien tome las decisiones. Pero también se puede ver como una oportunidad emocionante. Voto por esta última interpretación. La recomiendo altamente. Fue emocionante cuando elegí nuestra nueva casa. Elegí el vecindario donde viviríamos. Elegí los colegios para los niños, etc. Quisiera poder darte una fórmula de cómo encontrar sus propias respuestas, pero a veces parece como si sólo lo estuviera inventando a medida que avanzo. ¡Creo que es así! Creo firmemente en el instinto, pero también creo firmemente en los planes. Cuando busco mis propias respuestas, tiendo a decidir en un 50 por ciento por instinto y en un 50 por ciento con base en los planes (parece contradictorio pero, de alguna forma, me da resultado). Debes encontrar el método que te resulte mejor en esta nueva fase, en este proceso de encontrar tus propias respuestas, mucho dependerá quizás del sistema de prueba y error. No vamos a encontrar todas las respuestas. No somos Dios. Para mí, la mejor forma de proceder es:

1. Hacer un plan
2. Confiar en el instinto
3. Estar dispuesta a tropezar

Nota de Jinny

SOBRE ENCONTRAR SUS PROPIAS RESPUESTAS

No te exijas demasiado; no tienes que tener, de inmediato, todas las respuestas. Debes comprender que es posible que no siempre sepas lo que debes hacer. Para eso creó Dios a los amigos, a la familia y a las terapeutas. Es el momento de pensar en ti misma, piensa en todo lo que has logrado, y haz un plan para llegar a ser lo que quieres ser. Éste es un nuevo y emocionante capítulo de tu vida, y de tí depende escribirlo. No es fácil, pero debes encontrar la forma de tomar el control de tus pensamientos, tu comportamiento y tu vida. Dedica toda tu energía a este nuevo cambio que la vida te está ofreciendo.

3. *Descubre nuevas pasiones*

"Tanto por hacer, tan poco se ha hecho,
tantas cosas por lograr". —Elizabeth Taylor

Ah, ahora viene la parte divertida. Tenía toda una lista de nuevas pasiones a las que me dediqué a fondo. Desde que la hice, se ha ido reduciendo, pero le recomiendo que analice cualquiera de sus pasiones. Después, podrá decidir qué aficiones le interesan más, pero al comienzo de su redescubrimiento ¡no se limite y ensáyelas todas! Algunas de las pasiones a las que me dediqué fueron el baile flamenco, los viajes por placer, la lectura por placer, la jardinería, escribir, la fotografía y dibujar y diseñar ropa. Naturalmente, hay muchas más y todavía sigo practicando algunas de ellas. He decidido que otras no son para mí. Pero mi mejor decisión fue no decir nunca no a las voces interiores que me decían, "¡Aprendamos a bailar flamenco!" o "¡Rediseñemos el jardín del frente!". Todavía tengo esta actitud cuando se trata de descubrir nuevas pasiones. ¡Nunca pensé que me fascinara tanto el flamenco, pero me encanta haber aceptado el reto!

4. *Encontrar relaciones nuevas y sanas*

"A lo mejor que se puede aferrar uno en la vida es el otro". —Audrey Hepburn

Cuando ya estuve lista para entrar en una relación seria, estaba preparada de verdad. Sabía que no sería justo conmigo ni con nadie que me apresurara a entrar en una relación justo después de mi matrimonio, obviamente no estaba lista. Esperé hasta que estuviera en un lugar alegre, sano, sin toda la carga del equipaje de mi relación anterior. Cuando comencé a salir de nuevo, puedo decir que casi sentía lástima por ellos. Siempre tenía la guardia en alto porque no quería cometer los mismos errores que había cometido en mi matrimonio. Pero, además, tenía que pensar en mis hijos y no quería que nadie se inmiscuyera en sus vidas, ni en mi casa, si de eso se trataba, hasta estar segura de que fuera una relación sólida y estable. Durante los primeros años, cada vez que sonaba el timbre de la puerta y era alguien que venía por mí para salir a cenar, bajaba corriendo las escaleras desde mi alcoba, me despedía con un beso de los niños, y salía sin permitir que mi amigo entrara a la casa. Recuerdo a uno de ellos que después de la cuarta o quinta vez que salí de la casa a encontrarlo me dijo, "¿Crees que algún día pueda entrar a tu casa?". Pobre hombre. Nunca logró entrar —nunca pasó el riguroso sistema de selección que yo había establecido y que era muy sencillo: Si no era lo suficientemente bueno para mis hijos, no era lo suficientemente bueno para mí. Este sistema de selección me ayudó a descartar a algunos de los amigos no muy recomendables, con mucha más facilidad, y me tomó (o nos tomó) cuatro años encontrar un hombre que pasara la prueba. Sin embargo, mi novio fue presentado a Cristian y a Ryan solamente como mi amigo, y durante los primeros cinco o seis meses mis hijos lo consideraron como mi amigo y fueron ellos quienes quisieron que fuera mi novio. Su padre se había vuelto a casar y, para ellos, era apenas natural que yo también encontrara a alguien. Me decían una y otra vez, "Debería ser tu novio". Fue sólo entonces, después de que mis hijos habían dado su plena aprobación y cuando mi novio y yo estábamos seguros de nuestra relación, que les dije a Cristian y a Ryan que era más que un amigo.

De la misma manera en que cerré el círculo al llegar a Los Ángeles, encontré también el amor. No sé qué me depare el futuro, pero debo decir que, por el momento, estoy viviendo un capítulo increíble de mi vida. Por primera vez, me estoy dejando amar; me he permitido deshacerme de muchos miedos y me he simplemente enamorado. Este hombre increíble me ama sin condiciones y, lo que es más, adora a mis hijos. Todos los planes que hacemos, los hacemos pensando en los niños. Él llega a casa y ellos salen corriendo gritando su nombre y le saltan encima. Los hace muy felices y tiene un lugar en nuestros corazones. Lo admiran, lo respetan y, en su forma muy particular, le agradecen la felicidad que trae a nuestro hogar. Es un hombre que me apoya en todo sentido y está orgulloso de cada uno de mis logros. De muchas formas, me obliga a ser cada vez mejor. Pero más que todo, su mayor regalo ha sido el de permitirme saber que es posible encontrar a alguien que me ame y que no le importe que tenga hijos y que para mí ellos sean lo más importante. Mi gran temor era no encontrar nunca un hombre como éste. Tenía miedo de que nadie pudiera amarme de una forma tan completa. Me daba miedo que no fuera posible encontrar a alguien que aceptara cada aspecto de lo que soy, de lo que he sido y de lo que seré. Y entonces conocí a este hombre increíble que me enseñó a deshacerme de todos los miedos, a aferrarme a mis sueños y a limitarme sólo a amar y ser amada de forma pura, sencilla y completa.

Creo que Audrey Hepburn lo dijo mejor (como siempre, ¿no es verdad?), cuando dijo, "Tu corazón sólo se rompe, eso es todo. Pero no puedes juzgar ni culpar a nadie. Sólo tienes que tener la suerte suficiente de encontrar a alguien que te aprecie". Sí, el corazón "sólo se rompe", y puede volverse a romper, pero tu estarás bien. No importa lo que ocurra, siempre habrá alguien que te quiera y te aprecie tal como eres. Conformarse con menos sería negarse el tipo de relación que uno merece. Mirado hacia atrás, puedo decir que el mayor regalo que recibí fue el tiempo que dediqué a aprender a amarme y a apreciarme a mí misma. Cuando aprendemos esto, podemos permitir que nos amen y nos aprecien como las mujeres fuertes y estables en las que nos hemos convertido.

Nota de Jinny

SOBRE ENCONTRAR RELACIONES NUEVAS Y SANAS

A fin de encontrar nuevas y sanas relaciones, es esencial tomarte todo el tiempo necesario para recuperarte y hacer que encajen todas las piezas del rompecabezas. Tienes que tener en cuenta que esto puede tomar algún tiempo. Apresurarte a entrar en una nueva relación antes de estar lista para hacerlo no es justo para nadie, y menos que todo para ti. Debes aceptar y digerir plenamente lo que salió mal en tu matrimonio para así "vaciar tu bolsa". Empezar de nuevo y considerar el pasado como una experiencia de aprendizaje.

Palabras finales sobre el redescubrimiento

"Acepta el día. Disfrútalo, hasta la última gota. El día tal como viene. Las personas tal como son... el pasado, y así lo creo me ha ayudado a apreciar el presente —y no lo quiero dañar en absoluto preocupándome por el futuro". —Audrey Hepburn

Algunas mañana me levanto, y parece que nada podrá detenerme. Tengo esa actitud de libertad, de abrirme campo, y la aprovecho al máximo. Comienzo el día corriendo y no paro. Voy al gimnasio, trabajo por unas horas, comienzo a hacer planes para redecorar una habitación de la casa, recojo a los niños en el colegio y los llevo al parque a entrenamiento de bateo. Luego venimos a casa, me ocupo de que hagan sus tareas y preparo la comida. Entonces es hora del baño y de irse a dormir. Cuando me acuesto en la noche, me sorprendo de todo lo que alcanzo a hacer en un día y me siento muy orgullosa de mí misma por haber llegado hasta aquí.

Pero hay también otras mañanas en las que me despierto ya cansada. En esos días, tomo una ducha, llevo a los niños al colegio y luego hago algo que sé que me hará sentir feliz, que me llenará de energía y hará que sea productiva. Hago lo que sea que tenga que hacer para poder seguir adelante. Y siempre recuerdo que estos días negativos son parte de la vida. No se puede avanzar siempre con cuatro cilindros pues el motor se desgastará por completo. Por lo tanto, a veces me limito a sentarme a ver *Desayuno en Tiffany's* a las diez de la mañana. Porque lo puedo hacer. Porque me hace sentir feliz. Porque alguno días tengo que ver a Holly Golightly lamentarse conmigo de tener "esos malos días rojos", que naturalmente son peores que los azules. "Los malos días rojos son horribles", dice Holly. "De repente tienes miedo de no saber de qué tienes miedo. ¿Alguna vez has tenido esa sensación?". E imagino que me está hablando a mí y le digo, "¡Sí! ¡Es exactamente lo que estoy sintiendo hoy!" y Holly me dice, "Lo único que funciona es subir a un taxi e ir a Tiffany's".

He aprendido que el hecho de "subir a un taxi e ir a Tiffany's" puede maniferstarse de diferentes formas. Puede significar subirle el volumen a la música y tener una sesión de baile con mis hijos. O ir al gimnasio para una clase de *spinning*. O llamar a una amiga para salir a tomar un café y conversar un buen rato. Tal vez me siente y escriba por unas horas. O tal vez llame a mi papá o a mis hermanos, quienes sé que siempre me hacen reír. O haré planes para un dar un paseo familiar o algún tipo de trabajo manual que pueda hacer con los niños. Voy a la tienda de suministros para los maestros ¡y me entusiasmo con la idea de hacer un dinosaurio en macramé! Haré lo que sea para salir de estos "malos días rojos". Todavía no he tomado un taxi para ir a Tiffany's, pero tal vez la próxima vez que esté en Nueva York lo intentaré. Hasta entonces, me ha ido muy bien con mi DVD y mis métodos metafóricos.

Quiero aprender sobre mí constantemente. Quiero presentarme retos. Quiero sentirme imparable algunos días e inexplicablemente agotada al día siguiente, pero esto significa que al fin me estoy volviendo a plantear retos. Al fin tengo una relación real y sana. Estoy descubriendo a la Yari que siempre quise ser. Y ¿sabes qué estoy descubriendo? Que esa Yari... ¡es maravillosa!

Cuarta Parte

Preguntas frecuentes

"La vida funciona, pero
no como uno la esperaba".
—*Proverbio francés*

*L*AS PREGUNTAS QUE SURGEN DURANTE LA FASE DE ACEPTACIÓN

T*uve muchas* preguntas cuando estaba pasando por esta primera fase (es más, las tuve durante todas las fases). Sinceramente, no quería pedir ayuda, consejo ni respuestas a nadie. En primer lugar, no tenía fuerzas para sostener largas conversaciones sobre estos temas. Sólo quería respuestas cortas y concisas, pero todos sabemos que cuando se le pregunta algo a alguien, la conversación puede ser mucho más profunda y prolongada de lo previsto. Y eso no es siempre lo que uno quiere cuando está en duelo por un divorcio. Sé que me hubiera gustado encontrar un libro que me mostrara todas las preguntas con sus respectivas respuestas y así poder controlar el tiempo que podría durar la conversación para poder remitirme continuamente a las respuestas. Hablé con mis amigas y entre todas hemos elaborado una lista de las preguntas más frecuentes que tuvimos durante esta fase. Jinny y yo hemos tratado de responderlas de la forma más concisa posible. Intenté sacar mi experiencia de la ecuación y hemos respondido de modo que las respuestas puedan servir para ayudar a solucionar cualquiera que sea el reto de su propia experiencia de divorcio.

¿Cómo dejo que los demás me ayuden durante esta fase de aceptación?

Otros pueden ayudarte, pero antes debes ayudarte tú misma. Significa que debes saber quiénes son realmente tus amigos y confiar en lo que te dicen tus instintos. Ten muy en cuenta lo que sientes cuando estés con ciertas personas. Así podrás decidir quién puede apoyarte y quién sólo te va a alimentar la energía negativa. Durante la fase de reconstrucción, es esencial que te rodees de personas que no echen más leña al fuego. Ya has traspirado lo suficiente, y eso no lo puedes olvidar. Tienes que rodearte de amigos y familiares positivos que promuevan en ti una actitud optimista y un punto de vista positivo.

Hay muchos factores durante tu proceso de divorcio que no podrás controlar, pero algo de lo que sí tienes pleno control es de las personas de quienes te rodeas. Recuerda que si estás rodeada de personas positivas, comenzarás a pensar en forma positiva, comenzarás a tener actitudes positivas y comenzarás a interactuar con otros de manera positiva. Así se creará un ciclo de energía positiva que a los demás les resultará difícil romper.

Por el contrario, si te rodeas de personas negativas, personas que te apoyarán en las críticas —el odio y los chismes acerca de tu ex esposo— es probable que pienses y actúes en forma negativa. Esto también crea un círculo vicioso, destructivo y dañino. Puedes quedarte atorada en este ciclo negativo y seguir rodeándote de personas que constantemente hablarán mal de tu ex esposo y echarán más leña al fuego por el tiempo que tú se lo permitas. Al comienzo, tal vez te sientas bien de acercarte a ese fuego. Pero ¿por qué no permanecer ahí y escuchar a los demás hablar de lo terrible que es tu situación? En primer lugar, eso no te ayudará a avanzar hacia la recuperación. En segundo lugar, te será mucho más difícil salir de ese círculo de negatividad. En tercer lugar, por cada día que pases en ese estado negativo, estarás perdiendo un día que podrías aprovechar de forma positiva. Recuerda que el optimismo con el que enfrentes esta etapa tendrá un efecto directo en la forma como logres reconstruir tu vida y recuperar control.

¡Sé inteligente! Sigue tu instinto e invita a tu vida sólo a aquellas personas que realmente te pueden ayudar en tu recuperación. A las demás, diles que vuelvan dentro de unos días.

¿Cómo explico el divorcio a los niños?

Antes de siquiera intentar decírselo a tus hijos, tienes que saber y creer verdaderamente que has tomado la decisión correcta tanto para ellos como para ti. Con frecuencia pensamos que debemos permanecer con nuestra pareja por el bien de los hijos. Pero no nos damos cuenta de que criar hijos en un hogar con un ambiente malsano es, de hecho, mucho más traumático que criarlos en un hogar donde ha habido un divorcio. Cuando estés lista para decirles a tus niños lo que ocurre, recuerda:

1. Cualquiera que sea la edad de tus hijos, debes decirles lo que ha ocurrido y hablarles del divorcio. Debes explicárselo a cada uno a un nivel en que lo pueda entender.
2. Si uno de los padres ha desempeñado un papel predominante, será él (o ella) quien deba hablar del divorcio con los niños para reducir la intensidad del trauma.

3. Es importante no culpar a nadie de la separación y/o el divorcio. Esto podría darle al niño una razón para tomar partido, y no es sano tener una dinámica de padre bueno vs. padre malo.

4. Asegúrate de que los niños sepan que ellos no son la razón del divorcio. La primera reacción de un niño es pensar que es su culpa. Haz énfasis en que el divorcio es entre los padres, y que nada tienen que ver los hijos. Si entienden esto, podrán entender mejor que no pueden ser responsables de la reconciliación.

5. No les des la noticia a menos que el divorcio sea inevitable. Por ejemplo, si se trata de un período de separación de prueba, no utilices la palabra "divorcio".

6. Comparte la noticia con los niños cuando puedas estar con ellos por un largo rato, por ejemplo en un fin de semana. Los niños necesitan tu apoyo y tu presencia para poder sentirse seguros y protegidos.

7. Después de darles la noticia, dáles algún indicio de lo que deben esperar en el futuro, sobre todo si deben someterse a cambios de vivienda y de colegio, etc.

8. Ten presente que cuando los niños pregunten "¿por qué?" no están pidiendo detalles de la ruptura del matrimonio. Lo que están preguntando es, "¿por qué me está pasando esto a mí?". Por lo tanto, lo que el niño necesita es que le asegures que tanto tú como tu cónyuge lo quieren como siempre lo han querido y que serán mejores padres si no permanecen juntos, sino sólo como amigos.

9. Déjales siempre abierta la posibilidad de hacer preguntas. Para ellos es importante entender que pueden seguir confiando en ti y contando contigo como amiga. También es importante decir siempre la verdad, ser paciente (por más difícil que sea), y brindarles su apoyo.

¿Cuáles son las posibles reacciones que debo esperar al darles la noticia a los niños?

1. Cuando los niños se enteran de que sus padres se van a divorciar, generalmente sienten ira y humillación. Estas son reacciones comunes porque los niños están perdiendo su estructura familiar.
2. Los niños sentirán que nadie entiende lo que les está pasando.
3. Es posible que se retraigan y pierdan interés en sus aficiones, en el colegio, en los amigos y en el gozo general por la vida.
4. Los niños son muy intuitivos, probablemente ya hace tiempo que sospechan que las cosas no van bien entre mamá y papá.
5. No te sorprendas si los niños descargan su ira contra ti o te culpan del divorcio. Tú eres la persona que está más disponible, con la que se sienten más seguros para expresar sus sentimientos. Es parte natural y normal del proceso de duelo.

¿Cómo ayudo a mis hijos con estos problemas?

1. Ofréceles un entorno estable al establecer un horario fijo y reglas claras en el hogar.
2. Ofrece su respaldo constante.
3. No busques apoyo emocional en tus hijos, por el contrario, permíteles que lo busquen en ti. Nunca les hagas sentir que tu felicidad depende de ellos.
4. Asegúrate de que sepan que pueden contar contigo y que siempre estarás allí para escucharlos y ayudarles a resolver sus problemas.
5. Asegúrate de que entiendan que está BIEN querer a ambos padres y que siempre recibirán todo el amor de cada uno de ustedes.

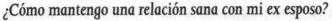

¿Cómo mantengo una relación sana con mi ex esposo?

Es importante reconocer que puedes poner fin al conflicto, sanar el dolor y restaurar el amor, no necesariamente como esposo y esposa, sino como un ser humano con otro. La clave para sanar tu relación eres tú. La actitud que adoptes hacia tu ex esposo determinará, en gran medida, la forma como él actúe hacia ti. Serás tú quien decida si la relación será dolorosa o si se transformará en una relación de apoyo. Para que la relación funcione, será necesario que aprendan a quererse como ex esposo y ex esposa. Es una relación diferente que la que tuvieron, pero, de todas formas, es una relación importante. Se puede establecer este tipo de amor con un regalo de aceptación y aprecio. Cuando te sientas bien, te sentirás mejor contigo misma y tu vida y también tendrás mejores sentimientos hacia la persona que te acepta y te aprecia.

¿Cómo hago para que el padre de mis hijos permanezca en sus vidas?

Por más difícil que parezca, es muy importante que el padre de tus hijos permanezca en tu vida. Sé que puedes parecer imposible, sobre todo si las razones de tu divorcio fueron dolorosas, pero lo cierto es que el divorcio es entre ustedes dos. Seguirá siendo el padre de tus hijos. Ya sea que quiera ser parte de sus vidas o no, nosotras, como madres, tenemos la responsabilidad de educar a nuestros hijos para que sean tan sanos y felices como sea posible. Sé que he dicho que no quiero que mis hijos crezcan y tengan conflictos, por eso cada vez que, sin ninguna razón aparente, me preguntan por él, siempre les digo que está muy ocupado en su trabajo. Les aseguro que vendrá a buscarlos muy pronto y les digo que siempre piensa en ellos, que les hace mucha falta y que los quiere mucho.

Sé de situaciones en las que los padres no quieren tener nada que ver con sus hijos, se van y jamás se preocupan por preguntar por ellos. Si los niños tienen edad suficiente para entender esta situación (es decir, si ya son grandes) es más fácil ser sincera y decirles la verdad. Pero si son demasiado pequeños para entender, asegúrese de ser usted la parte fuerte de la pareja e intente disimularlo, al menos por ahora. Nunca hable en términos negativos del padre frente a los niños y asegúrese de que sus familias conozcan esta regla. No todos tienen niños, por lo que no son conscientes de que los niños lo escuchan todo, aunque parezca que estén distraídos viendo una película. Cuando se es madre, toda su visión y su misión en la vida cambia por completo. Por ejemplo, ya no aceleras para pasar un semáforo en amarillo; revisas constantemente las fechas de vencimiento de todos los productos; te aseguras de que tu hogar sea un lugar seguro para los niños. Tenemos que ser igual de cautelosas para preservar las relaciones de nuestros hijos con sus padres.

De ser posible, deberás dejar a un lado tu orgullo y convertirte en la persona que llame por teléfono para mantener el contacto entre tus hijos y su padre. Hay momentos en los que tendrás que hacer planes de antemano para asegurarte de comprar un regalo de cumpleaños o de navidad adicional y poner el nombre del padre en la tarjeta. Debes ser la que elija un día y una hora a la semana para que los niños puedan hablar con él. A veces es sólo cuestión de mejorar la comunicación para de alguna manera mostrarle al padre lo mucho que lo echan de menos sus hijos. Muchas veces es su propio sentimiento de culpabilidad y de vergüenza lo que lo mantiene alejado de sus hijos.

En mi situación, el padre de mis hijos está presente día tras día en sus vidas, sobre todo en su propio entorno. Las habitaciones de mis hijos están llenas de fotografías de ellos con su padre. (Si no tienes estas fotografías, pídele al padre de tus hijos que la próxima vez que estén con él durante un fin de semana se tomen varias). Todas las noches rezamos por él y hablamos de él con mucha frecuencia. Todas estas cosas, aparentemente insignificantes, pueden representar una enorme diferencia para los niños quienes, para nosotras como madres, deben ser siempre la prioridad.

¿Cómo debo reaccionar cuando la actitud de mi ex esposo no es "justa"?

No hay que olvidar que una buena relación depende de las actitudes de dos personas. Tú no puedes controlar la actitud de tu ex esposo, pero sí puedes controlar tu propia actitud, lo que probablemente afectará la forma como reaccione tu ex esposo ante ti. Si eres amable y positiva, será mucho más difícil para él adoptar una actitud negativa y hostil. Si al comienzo tu ex esposo reacciona con ira y amargura, no desciendas a su nivel. Mantén un aura de madurez. Esto puede ser increíblemente difícil de lograr, pero si la situación te lo exige, recuerda que al adoptar una actitud madura mantendrás el control de la situación. Eventualmente, él se esforzará por ascender a tu nivel.

Algo que te puede ayudar es elaborar una lista de algunas de las cosas maravillosas que tu ex esposo haya traído a tu vida. Al principio, puede resultarte difícil, por lo tanto, puedes incluir también las cosas pequeñas, si no logras reconocerle grandes contribuciones. Sin embargo, eventualmente, es probable que aceptes que tu ex esposo te ha dado muchos regalos por los que resulta difícil estarle agradecida cuando se pasa por la crisis del divorcio. Así que incluye en la lista algunos de los "regalos" por más insignificantes que puedan haberte parecido. Los siguientes son algunos ejemplos:

¡Te dio a tus hijos!
Te hizo reír.
Hizo aparecer de nuevo la niña que una vez fuiste.
Te presentó grandes amigos.
Te enseñó cómo defender tus ideas.

Elaborar este tipo de lista será una inspiración para poder adoptar una actitud distinguida, que, a su vez, lo inspire a él. Lo más importante es que seas sincera contigo misma, que seas la persona aguda a inteligente que siempre has sido, por más "sucio" o "injusto" que sea el juego de tu ex esposo.

¿Cómo supero la sensación de fracaso?

Para superar esta sensación, tienes que comprenderla. Experimentarás este sentimiento porque al casarte sentiste que habías llegado a una meta muy importante y significativa de tu vida. El colapso de esa meta puede producirte una sensación de fracaso; sin embargo, hay que entender que te estás divorciando porque tu relación ya no era sana y permanecer en una relación así te hubiera impedido realizar otras grandes hazañas. Casarse debe ser la última meta de la vida. En la situación ideal, si se tiene un matrimonio sólido, se pueden alcanzar metas y conquistar grandes logros, animada y respaldada por tu pareja. Sin embargo, si tu relación no es así, de ti depende ser lo suficientemente fuerte para reconocerlo. No es una tarea fácil, pero si al fin lo aceptas y tomas la decisión de separarte de tu esposo porque el matrimonio ya no funciona, eso, de por sí, ya es un logro. Considéralo como si hubieras llegado a una nueva meta, eres lo suficientemente fuerte y capaz como para reconocer la realidad de tu matrimonio y actuar como corresponde. Por lo tanto, no sientas que has fracasado. El fracaso habría sido permanecer en un matrimonio que no hará que ninguno de los dos llegue a ser mejor, más estable y más feliz día tras día.

¿Tiene todo el mundo esta sensación de fracaso? ¿Es posible no sentirla?

Sí, todos tenemos esa experiencia. Con cada decisión que tomamos en la vida, podemos preguntarnos y pensar, "¿Estaré haciendo lo correcto? ¿Estaré haciendo lo mejor para mí, para mi futuro, para mis hijos?". Desde el punto de vista social, siempre hemos estado predispuestos a creer que "el matrimonio es para toda la vida". Después de todo se dice "hasta que la muerte nos separe", lo cual está escrito en la Biblia. Pero, como nos lo dijera una vez un buen amigo sacerdote, "No creo que Dios quiera ver que uno pase todos los días de su vida sufriendo". Estamos seguros de que Dios nos quiere felices y necesita que seamos el 100 por ciento de las personas que somos capaces de ser; ¿Cómo podemos dar el 100 por ciento de nosotros mismos si nos encontramos en una relación tóxica? El matrimonio debe ser para toda la vida, si uno está feliz en su relación y si realmente es una mejor persona por estar con su pareja. No te menosprecies ni seas injusta contigo misma si no funcionó; puedes estar triste, pero también puedes estar orgullosa de que has podido reconocer que serás una mejor persona si se separan. Tu familia, tus amigos y tu comunidad se beneficiarán de que te permitas volver a ser la persona que antes fuiste, al 100 por ciento.

¿Cuándo debo dejar de llorar?

¡Cuando estés lista! Cuando lloramos, lo hacemos porque tenemos sentimientos y emociones que nuestro cuerpo no puede manejar ni controlar. Cuando uno se permite llorar, está reconociendo que hay algo muy duro con lo que hay que enfrentarse; se reconoce que la situación es difícil y dolorosa, pero se adopta una actitud realista al respecto. Después de llorar, tu cuerpo experimenta una sensación física de alivio. Te sentirás emocionalmente desahogada, porque habrás dejado que tus sentimientos se desfoguen y ahora estás lista para recuperar tus fuerzas.

Es posible que cada vez que no te permitas llorar, creas que estás siendo fuerte y estoica; sin embargo, tu cuerpo sólo puede manejar cierta cantidad de tensión. Si permites que tus sentimientos continúen reprimidos, eventualmente tendrás una crisis emocional, cuando ya no puedas soportarlo más.

¿Por qué debemos permitirnos hacer duelo por la pérdida de una relación?

Pasar por un período de duelo es un aspecto natural y necesario de la recuperación y el redescubrimiento. Cuando se permite hacer duelo por la pérdida de una relación, se está permitiendo experimentar el dolor hasta que la herida cicatrice por completo. Cuando no se da el tiempo suficiente para pasar por este proceso, la herida se mantiene abierta y ésta nunca cicatrizará del todo hasta que se permita hacer el duelo. Puedes cubrir la cortada con un vendaje que luzca perfecto, pero por debajo del vendaje la herida sigue ahí, abierta. ¡Tienes que dejar que la herida respire!

¿Cómo me permito hacer el duelo sin quedarme allí estancada?

Hay que entender que es necesario llorar cuando hay que hacerlo y que debes permitirte tener días malos como resultado de tu pérdida. Dicho esto, debes admitir que el proceso de duelo es exactamente eso: un proceso que debe tener un fin. Se pasa por el duelo no para quedarse estancada en el pasado, sino para estar lo suficientemente sana como para avanzar hacia el futuro. Recuerda que, con cada pensamiento, con cada palabra y con cada acción, estás creando tu propio futuro. Aún en los días en los que te sientes paralizada por el dolor, debes hacer algo bueno por ti misma. Tienes que decirte algo positivo, que te tranquilice, por más insignificante que parezca.

¿Cómo se lo digo a mi familia y a mis amigos?

Hay quienes incluyen a su familia y a sus amigos en la discusión desde el primer día. Otros no se lo dicen hasta que saben que ya todo ha pasado. Yo sé que les conté a todos mis familiares desde el comienzo porque sabía que no podría pasar por esto sin su ayuda; sin embargo, no se lo dije de inmediato a todos mis amigos porque no estaba lista para hacerlo. Es importante haber logrado una cierta estabilidad antes de contarle a casi todo el mundo la decisión que hemos tomado. No podemos controlar la forma como ellos reaccionen ante la noticia del divorcio; lo único que puedes controlar es TU propia reacción, por lo tanto debes estar preparada. Para mí, la mejor forma de dar la noticia fue decir, "Mi esposo y yo hemos decidido divorciarnos. Nuestro matrimonio no estaba resultando". Recuerda: No tienes por qué darle a nadie ninguna otra explicación. Sé lo fácil que es caer en la trampa de responder una pregunta tras otra, como:

¿Estás segura?
¿No hay nada más que puedas hacer?
¿Desde hace cuánto tiempo estaba ocurriendo esto?
¿Quién tomó la decisión?
¿Qué pasó?

Las preguntas son interminables, pero no tiene por qué responderlas. No le debes ninguna respuesta a nadie. De hecho, tienes todo el derecho de no responder. En primer lugar, responder a todas estas preguntas no te va a ayudar a recuperarte. En segundo lugar, una vez que te abras y comiences a dar explicaciones, habrás cruzado una línea y esos amigos y miembros de tu familia seguirán insistiendo con sus preguntas "de ayuda". Desde un comienzo, fija las reglas sobre la forma como deseas que se comporten los demás contigo; así, cuando empiecen a indagar, todo lo que les dirás será, "No estoy lista para hablar de eso. ¡Hablemos de otra cosa!". Eventualmente (ojala de inmediato) cesarán las preguntas.

¿Cómo logro alcanzar un estado lo suficientemente estable?

Te sentirás como si te hubieran lanzado en un hoyo oscuro, del que jamás podrás salir y pensarás que nunca volverás a estar sobre terreno firme. Al principio no tendrás prácticamente fuerzas para ponerte de pie, mucho menos para salir de allí. Pero lo maravilloso de la vida es que, cuando menos lo esperes, te lanzará cuerdas. La clave está en que debes ser lo suficientemente inteligente como para aferrarte a ellas. Por ejemplo, cuando entró mi hijo y me dijo, "¡Todo va a estar bien!" decidí aferrarme a esa "cuerda" y comenzar a trepar. Habría podido seguir llorando. Habría sido muy fácil tomarlo en mis brazos y no dejar de llorar, pero eso no hubiera sido justo para él ni para mí.

Tus niños saben cuándo estás inestable, aunque no estés llorando. Ellos captan esa inestabilidad y la imitan. Cuando permaneces inactiva, sentada, o acostada, es cuando más sufren. Cuando mamá esté bien, los niños estarán bien. El haberme dado cuenta de esto representó para mí la primera cuerda de salvación; de ahí en adelante, me agarré a cada una de las cuerdas que pudieran ayudarme a salir del hoyo donde estaba.

¿Tengo la fuerza suficiente?

Créemelo, muchas veces me hice esa misma pregunta. Recuerdo haberle preguntado a Jinny si creía que yo tenía la fuerza suficiente y recuerdo también su respuesta:

"¿Qué clase de pregunta es esa? Mira lo fuerte que estás. Ahora te resultará fácil y seguro aferrarte a la esperanza de que todo saldrá bien, pero se requiere de alguien valiente que se dé cuenta de que tiene que tomar una decisión. Tú ya lo has hecho y tomar esa decisión fue la actitud más decidida y valiente que hayas podido adoptar".

Al principio no pensé que mi decisión fuera una acción enérgica, pero las palabras de Jinny me ayudaron a ver que sí lo había sido. Sobre esa base, comencé a encontrar las fuerzas donde pensé que no las tenía. Comencé a creer en mí y en lo que podría lograr.

LAS PREGUNTAS DURANTE LA FASE DE RECONSTRUCCIÓN

En la fase de reconstrucción el proceso es diferente. Estás en una búsqueda constante de tus propias respuestas. Hay que poner la vida en orden y hay que hacerlo en nuestros propios términos. Me di cuenta de que muchas de las preguntas que me planteaba mientras pasaba por la fase de reconstrucción eran cosas que sólo yo podía responder. Ante todo, no olvides que tienes que encontrar tus propias respuestas a tus interrogantes.

¿Cuáles son los primeros factores de mi vida que debo poner en orden?

El primer factor que debes poner en orden eres tú misma. La persona más importante de esta fase de reconstrucción eres tú y nadie más que tú. Aunque tal vez no estés acostumbrada a ponerte en primer lugar, éste es un momento de tu vida en el que tienes que ser un poco egoísta. Sólo estás siendo egoísta ahora para que algún día puedas ser la persona que tus hijos, tu familia y tus amigos merecen que seas. ¿Qué es lo que nos dicen en los aviones que debemos hacer "en caso de emergencia?" Que primero debemos ponernos la máscara de oxígeno y después ayudar a quienes tengamos alrededor. Tienes que ayudarte tú primero para después poder ayudar a cualquier otra persona. Éste es un aspecto crucial que hay que entender, sobre todo si tienes niños. Los niños, los amigos y la familia reaccionarán ante las "situaciones de emergencia" dependiendo de cómo actúes tú. Si mantienes la calma y sabes hacer frente a la situación sin alterarte, todos a tu alrededor te imitarán. Si te tomas el tiempo necesario para centrarte en ti misma, podrás enfrentar cualquier situación con calma y entonces, sólo entonces, podrás tener una actitud positiva para ayudar a tus hijos, a tu familia y a tus amigos.

¿Cómo recobro el equilibrio?

Cuando enfrentamos cualquier cambio que represente un reto, nuestro equilibrio parece tambalear. No te preocupes. Es normal y hay que permitir que ocurra. Podrás recobrar gradualmente el equilibrio identificando tus prioridades. Una vez que lo hagas, te darás cuenta que lo que en un determinado momento te pareció tan importante ya no importa. Deberás detenerte y pensar. Deberás organizar tu vida y no solamente identificar las prioridades sino también los pasos que tendrás que dar para establecer un equilibrio sano y emocionante en tu vida. Avanza paso a paso. Piensa en una prioridad y no te preocupes por cómo vas a enfrentar las demás prioridades. Todo irá encajando en su lugar a medida que avances. No puedes reorganizar tu vida en un sólo día, así que tómate tu tiempo.

Pasos para restablecer un equilibrio sano y emocionante en tu vida:

1. **Identifica tus roles:** En este paso, debes identificar todos los roles que desempeñas en la vida. Por ejemplo: madre, profesional, hermana, hija, amiga, y muchos otros.

2. **Organizarlos por orden de prioridad:** Una vez que hayas identificado tus roles, es el momento de ordenarlos por prioridad. Aquí, el elemento más importante es la franqueza. Se trata de algo muy personal y no debes juzgarte. Sé realista y sincera contigo misma, siempre y cuando no pongas en juego el bienestar de otros. Por ejemplo:

   1. Madre
   2. Profesional
   3. Amiga
   4. Hija
   5. Hermana

Identifica las áreas potenciales de mejoría para cada uno de estos roles. POR EJEMPLO: Como madre, me propongo pasar más tiempo con mis hijos.

3. **Hacer un plan:** Requerirás de un plan como apoyo paras las áreas que debes mejorar en cada rol y para ayudarte a mantener tus propósitos.

   Ejemplo: En lugar de concentrarme en llevar a los niños a grandes excursiones, me concentraré en organizar sus actividades del día a día. Las grandes excursiones o las actividades fuera de lo común no son la norma y duran apenas un rato corto, sin embargo, las actividades sencillas de todos los días, como ir al supermercado, montar en bicicleta, hacer con ellos las tareas, o ver una película son mucho más fáciles de lograr. También les dará a los niños la seguridad de que ahora todo en sus vidas es distinto, pero mejor.

4. **Actuar:** El último paso, pero el más importante para lograr el equilibrio es actuar. Es aquí donde empezarás a tomar control de tu vida. **Debes poner en práctica el plan que has elaborado.**

¿Cómo sé cuándo estaré lista para seguir adelante (o que ya he avanzado) hacia la fase de reconstrucción?

No hay un período de tiempo específico que pueda indicar cuánto demora este proceso. Pasar de la fase de aceptación a la de reconstrucción implica aceptar la realidad, abandonar la esperanza de que todo se arreglará y tomar control de tu vida. Esto representa la mayor transición de todas. Estarás lista para pasar de una fase a otra cuando hayas vaciado tu bolsa del todo. Imagina que vas a un mercado que no tiene piso de concreto; el piso está cubierto de arena y piedras. Entra al mercado con el carrito y empieza a llenarlo de artículos. Entre más artículos elijas, más pesado estará el carrito. En un determinado momento, te darás cuenta de que, por más fuerte que empujes, el carrito no se moverá. Es entonces cuando tendrás que empezar a sacar artículos del carrito. Hay que sacar la mayor parte de la negación, la culpabilidad, la ira y el dolor, hasta donde sea posible. Es posible que no lo descargues del todo, y eso está bien. Pero estarás lista para pasar de la fase de aceptación a la de reconstrucción cuando el carrito esté lo suficientemente liviano como para moverlo.

¿Cómo puedo centrarme sólo en mí misma si tengo niños que cuidar y por quienes preocuparme? ¿No deberían ser ellos la prioridad?

Centrarse en sí misma no significa que tengas que encerrarte bajo llave en una habitación y aislartse del mundo real. No pudes detener el tiempo. La vida continúa. La aceptación, la reconstrucción y el redescubrimiento son fases *internas* por las que hay que pasar para poder tomar control de tu vida. No cabe duda, los niños son importantes en tu vida y por ellos hay que hacer lo mejor. Para poder hacerlo, sin embargo, tienes que centrarte primero en usted. Tienes que estar sana emocional, mental y físicamente para poder dar lo mejor de ti como madre. Tienes que estar feliz para que ellos sean felices. De hecho, los niños son una poderosa fuente de energía y fortaleza. Sin lugar a duda, ellos te podrán ayudar a medida que avanzas, por el simple hecho de aportar risa y amor incondicional a tu vida.

Cada vez que tomo una decisión tengo miedo de fallar. ¿Qué puedo hacer para liberarme de ese miedo?

Sentir miedo de fracasar es algo absolutamente normal después de un divorcio, sobre todo cuando la reacción inmediata es "Me equivoqué". En primer lugar, debes entender que el haberte casado no fue un error. El hecho de estarte divorciando no quiere decir que hayas tomado una decisión equivocada. En realidad, divorciarse cuando la relación ya no funciona es una decisión acertada. No sería justo quedarte en una relación que no esté satisfaciendo tus necesidades ni brindándote felicidad.

En segundo lugar, hay que entender que el miedo es un sentimiento que tú no puedes eliminar de un día para otro. Sin embargo, puedes reducirlo e incluso hacer que desaparezca con el tiempo y con la experiencia. Lo único que debes hacer para liberarte del miedo a fracasar es tomar control de tu vida, tomar tus propias decisiones y permitirte triunfar. La asimilación de ese éxito no es algo que se mida por los resultados sino por el proceso y la experiencia que tuviste que pasar a fin de encontrar tu felicidad y llegar adonde estás ahora.

¿La fase de reconstrucción avanza más rápido o más lento que la fase de aceptación?

La velocidad y la intensidad con la que se pase por las distintas fases varía de una persona a otra. Dicho esto, en muchos casos, la fase de reconstrucción pasará más pronto. Esto se debe a que, en la fase de aceptación, has aprendido a manejar con eficiencia las etapas emocionales y psicológicas y ahora estás lista y ansiosa de seguir adelante. Sin embargo, si notas que te demoras durante este período de reconstrucción, no te preocupes, y nunca te apresures. Es tu divorcio, y eres tú quien debe superar los distintos períodos a tu propio ritmo. Recuerda que la fase de reconstrucción tiene que ver con reconectarte contigo misma.

¿En qué difiere la fase de aceptación de la de reconstrucción?

En la fase de aceptación, básicamente te estás enfrentando a la situación y tu principal interés está en la situación misma. Te esfuerzas por entender lo que ocurrió y te esfuerzas por aceptar que tal vez el amor de tu vida no estaba destinado a ser tu pareja para siempre. En la fase de reconstrucción, el enfoque principal eres TÚ. Esta fase marca el comienzo de la forma como va a seguir avanzando tu vida. Tienes que establecer los patrones y tradiciones a la manera en que quieres que continúe tu vida de aquí en adelante.

PREGUNTAS FRECUENTES DURANTE EL PERÍODO DE REDESCUBRIMIENTO

Por lo general las preguntas más frecuentes durante el período de redescubrimiento tienden a requerir ya sea una respuesta muy personal o una muy profesional. Decidimos dividir las preguntas en dos grupos de forma que las personales las respondiera yo y las más profesionales las respondiera Jinny.

Mis respuestas

¿Cómo mantener las tradiciones y el sentido de orgullo de familia cuando sólo hay uno de los dos padres?

Soy puertorriqueña y aunque mis hijos nacieron en Nueva York, ambos siguen siendo puertorriqueños. Mis padres hicieron un gran trabajo al educar a mis hermanos, a mi hermana y a mí, en inculcarnos un arraigado sentido de familia y un enorme orgullo por nuestra cultura. Para mí la familia es sumamente importante y es indispensable mantener nuestras tradiciones:

1. ¡Bendición! Tan pronto como nos encontramos con parientes mayores o cuando hablamos con ellos por teléfono, pedimos su bendición diciéndoles: "¡Bendición!" A lo que ellos responden, "Dios te bendiga". Este ritual de bendición lo practicamos inclusive antes del saludo, y luego lo repetimos al despedirnos.

2. Cada vez que pasamos frente a una iglesia, en el automóvil o a pie, nos persignamos haciendo la señal de la cruz. Mi hijo mayor, Cristian, me mira fijamente para asegurarse de que lo esté haciendo.

3. Vamos a la iglesia todos los domingos.

4. Las oraciones de la noche: Los dos niños dicen sus oraciones agradeciendo a Papá Dios todas sus bendiciones y la oración termina: "Gracias, Papá Dios, por mi mamá, por mis hermanos y mi familia. Gracias por mi papá y por la familia de mi papá. Gracias por lo que tengo y por lo que soy".

5. El Día de Reyes: En Puerto Rico, el 6 de enero es tan importante como el 24 y el 25 de diciembre. Cuenta la historia que los tres reyes siguieron la estrella hasta llegar donde se encontraba el Niño Jesús para llevarle regalos. En la víspera del Día de Reyes, conseguimos cajas de zapatos y las llenamos de pasto para los camellos. Las ponemos debajo de nuestras camas y, a la mañana siguiente, ¡ya no habrá pasto y las cajas estarán llenas de regalos!

6. La Navidad: Ha sido una tradición en mi familia que, pase lo que pase, siempre estaremos juntos en Navidad. Mi familia de Puerto Rico viene a mi casa y, es en realidad mi época favorita del año.

7. Año Nuevo: Todos vamos a Puerto Rico para recibir juntos el nuevo año. Básicamente comemos, bebemos y bailamos hasta que ya no podemos movernos más. Somos puertorriqueños, ¿qué más podría esperarse?

8. El español: Soy la responsable de que mis hijos conserven nuestro idioma. Nacieron en los Estados Unidos y aquí viven. Pero para mí es muy importante que aprendan y sigan hablando tanto español como inglés.

9. La música: Soy muy consciente de lo importante que es que mis hijos sepan de música puertorriqueña. Me emocioné mucho cuando me di cuenta por primera vez de que Cristian tenía ritmo. ¡Fue un gran alivio! Luego ocurrió lo mismo con Ryan. Era algo que realmente me preocupaba —lo digo en serio. Ni siquiera recuerdo haberles enseñado un solo paso de baile, pero

ahora que tienen siete y cuatro años, puedo decir con orgullo que ya han aprendido algunos excelentes pasos de salsa.

¿Qué ventajas tiene que los niños crezcan en un hogar con un solo padre?

Mi parte favorita de criar mis hijos sola es poder establecer mis propias reglas y mis propias condiciones. Muchas de mis reglas y de mis rutinas son el resultado de pruebas y errores. Los bebés no vienen con un manual de instrucciones. Recuerdo que estando en el hospital después de que naciera mi primer hijo, a la mañana siguiente del día en que nació, lo alimenté y después vino la enfermera a mostrarme cómo debía sostenerlo para el baño. ¡Eso fue todo! Luego me dijo que era hora de irme a casa. Sentí como si se tratara de una película que estuviera avanzando a toda velocidad y le dije: "¡Espere! ¿Cómo así que me voy a casa? ¿Qué hay de todo lo demás?". Yo quería instrucciones. ¿Qué pasa durante el día? ¿Qué hago si le da tos o si no quiere comer? Y realmente pregunté, "¿Cómo sé si sus órganos internos funcionan?". No me cabe duda de que la enfermera debía estarse riendo de mi pregunta cuando me sacó apresuradamente por la puerta del hospital.

A partir de entonces, he ido escribiendo mi propio manual de instrucciones, que está en constante revisión. Después del divorcio, el manual se vio sujeto a un considerable proceso de revisión. Una de las mejores ventajas que he encontrado de ser mamá de dos hijos sin tener al padre en casa, es que les puedo enseñar a ser tan educados como sea posible. Los estoy preparando para que sean perfectos caballeros. Saben ser gentiles y respetar a las niñas. Les he enseñado a tratar a las niñas como algo precioso. A manera de juego, comenzamos a elaborar nuestras propias "reglas de caballerosidad". Le proponía a Cristian distintas situaciones para que las aplicara. Por ejemplo:

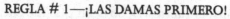

REGLA # 1—¡LAS DAMAS PRIMERO!

Situación: "Si subes a un bus en el que sólo hay un puesto disponible y sólo hay dos personas de pie, tu y una niña... ¿Quién toma el puesto?"

REGLA # 2—¡LOS CABALLEROS SIEMPRE AYUDAN!

Situación: "Si estás en el colegio y ves a tu amiga esforzándose por cargar sus libros, ¿a qué te ofreces?"

Situación: "Si tu y una amiga van hacia el aula de clase y la puerta está cerrada, ¿quién debe abrir la puerta?"

REGLA #3—¡DISCULPE, POR FAVOR Y GRACIAS!

Situación: "Si estás en la casa de un amigo y tienes mucha sed, ¿cómo pides algo de beber?"

Sé que el día que encuentren a alguien (¡ojala no muy pronto!), esa niña será muy afortunada de haberse encontrado con cualquiera de mis hijos.

¿Cómo puedo ser ejemplo de madre y padre a la vez?

Supe desde el primer día que tenía que actuar como una persona muy fuerte, independiente y estricta. O mis hijos, por lo menos, debían tener esa imagen de mí. Por mucho que estuviera luchando con mis problemas personales, quería que me vieran como una persona tranquila y en control. Siempre he sido consciente del ejemplo que les estoy dando. No puedo permitir que mis hijos den gritos como los que daba yo cuando veía una lagartija ni que salten de miedo al menor ruido nocturno. Debo admitir que nunca me abstuve de gritar ni saltar cuando me casé, pero ahora que su padre ya no vive en la casa, dejé de hacerlo. Así como sabía que debía enseñarles a ser caballerosos, sabía también que me correspondía mostrarles cómo ser fuertes. Debo decir que me encanta ser la madre de dos niños. Me llena de una calma poderosa. ¡Nunca en mi vida había sabido tanto de deportes! Algunas de las técnicas que he desarrollado para criar sola a mis hijos incluyen:

1. Llevarlos a practicar bateo todas las semanas, yo también entro en la jaula de bateo. Me compré dos pares de guantes para batear (¡son color rosa!) y me siento orgullosa de que me salgan ampollas como les salen a Cristian y a Ryan.

2. Asegurarme de no demostrar miedo ni tristeza cuando los he tenido que hospitalizar. Por más aterrada que esté en mi interior he permanecido al pie de sus camas y me he mantenido fuerte.

3. Mantenerme tan tranquila como sea posible hasta cuando vomitan. ¡Tal vez demasiado tranquila! Mi hijo mayor vomita cuando se emociona, fue así como en una ocasión, cuando abría sus regalos de Navidad, vomitó en el piso y se comportó como si hubiera estornudado. Se pasó al otro lado para seguir abriendo sus regalos mientras yo limpiaba.

4. ¡El béisbol! Aficionarlos al béisbol y ver con ellos los partidos de los Yankees por televisión. ¡No sé si eso se deba a que crecí en Puerto Rico, donde el béisbol siempre ha sido muy importante!

5. Nunca decirles que no cuando me piden que construyamos naves espaciales con LEGOS, juguemos a los superhéroes o a que hagamos carreras de miniautos.

6. Llevarlos a clases de guitarra y de batería. Tal vez la batería dentro de la casa no fue la mejor de las ideas, especialmente porque la tienen justo frente a mi alcoba —definitivamente no es el mejor despertador.

7. Ver todas las películas clásicas "de niños", entre otras: E.T., *Las tortugas ninja*, toda la serie de la *Guerra de las galaxias*, e *Indiana Jones*.

Después nos disfrazamos como Darth Vader, Anakin y la Princesa Leia para Halloween.

8. Dejarlos solos mientras juegan en el patio de atrás. Son juegos demasiado rudos para mí. Corren por todas partes con esa maravillosa despreocupación de los niños. Brincan de un lado a otro como monos, se lanzan por la chorrera de cabeza y luego saltan de los columpios. Y yo no digo nada... ¡aunque pienso que me envejece años y años verlos jugar así!

¿Cuál es la parte más difícil de educar a los hijos sin la figura del padre?

Definitivamente, lo más duro es ejercer la disciplina sola. Yo misma soy una niña y me encanta jugar. ¡No veo la hora de que llegue el fin de semana para que podamos salir a divertirnos! Nada me gusta tanto como llevarlos al parque, el cine, a los juegos de béisbol, donde grito como loca. O si no, en los días de lluvia, nos sentamos en el suelo y hacemos manualidades y juegos, construimos caminos con todos los rollos vacíos de papel higiénico o hacemos sesiones maratónicas de Uno. Debo decir que me divierto muchísimo. No soy muy buena para imponer disciplina, me es difícil, sobre todo porque no puedo decirles, "¡Esperen a que llegue su papá!" ¡Todo me toca a mí!

Tuve que leer muchos libros de cómo ser mejores padres para poder ser más firme y reaccionar en la forma correcta. Sé que la disciplina es tan importante como la diversión. Así es la vida, no dejaré que a mis hijos les falte disciplina sólo porque a mí no me resulte fácil imponerla. Por lo tanto, sigo leyendo esos libros y sigo cometiendo muchos errores que debo corregir. ¡Pero estoy mejorando!

De Jinny

¿Cómo sé cuándo estaré lista para pasar a la fase del redescubrimiento?

Volver a la vida después de un divorcio puede parecer una tarea abrumadora. Después de todo, es mucho más fácil encerrarse y no tener que preocuparse por cambiar nada en la vida. Pero con un esfuerzo y decidiéndose a seguir adelante, es posible llevar una vida mucho más plena.

Nunca podrás encontrar el momento perfecto para hacer un cambio. Sin embargo, después de esforzarte por fortalecer tus bases como persona, estarás dispuesta a iniciar el redescubrimiento de tu vida. Aunque, a veces, tomar control puede ser aterrador, la emoción y la expectativa de las cosas maravillosas que la vida tiene para ofrecerte, te ayudarán a superar ese terror.

Utiliza las herramientas que aprendiste a poner en práctica en la fase de reconstrucción, ponte en contacto contigo misma y mantente atenta a tus propias señales, lo cual te ayudará a saber cuándo estás lista para seguir adelante. ¡Tú sabrás cuando llegue ese momento!

Puesto que la fase de aceptación se trata de aceptar la situación y la fase de reconstrucción tiene que ver con uno mismo, ¿es la fase de redescubrimiento una combinación de las otras dos?

Definitivamente. La fase de aceptación tiene que ver con ponerse en contacto con la situación. La fase de reconstrucción se trata de reconectarte contigo misma. La fase de redescubrimiento tiene que ver con ponerte en contacto con el mundo.

En esta fase, tú llevas a esa nueva persona en la que TE HAS CONVERTIDO hacia una nueva vida para redescubrir tus roles, tus aficiones y tus sueños. En la fase de reconstrucción, trabajas principalmente en reconstruir la base de tu estructura (tus cimientos), de reforzarlos, de hacerlos sólidos y firmes. Ahora, en la fase de redescubrimiento, estarás dispuesta a construir una torre sobre esos sólidos cimientos. Es la fase que te da la oportunidad de diseñar tu vida en formas totalmente nuevas y diferentes.

¿Cómo evito quedar estancada en cualquiera de los pasos del proceso de redescubrimiento?

Cuando estés en la fase de redescubrimiento, debes entender que los cuatro pasos son cruciales para lograr un cambio. Sin embargo, es posible que te des cuenta de que los pasos del cambio no siempre progresan en una secuencia perfecta. Tal vez tengas que volver al paso de preparación para reajustar tus etapas de acción o incluso la etapa inicial. Eso está bien. No quiere decir que hayas fracasado. Representa simplemente la naturaleza y la valentía que se requieren para cambiar. No es una tarea fácil. Pero cuando se cumple cada meta, tendrás la más maravillosa sensación que te ayudará a continuar por ese camino hacia una vida hermosa.

¿Está bien y es normal sentir que uno no quiere volverse a casar jamás?

Es totalmente normal. Es sólo el resultado de haber tenido una experiencia dolorosa. Definitivamente, cuando nos casamos no estamos pensando en divorciarnos. Por el contrario, soñamos con el proceso de envejecer juntos, tal vez pensemos en viajar por el mundo, o tal vez en tener hijos. Cuando estos sueños no se hacen realidad, se rechaza todo lo que tiene que ver con "matrimonio", porque se ha sufrido una desilusión.

Es totalmente normal, porque es la reacción a una experiencia no muy placentera. Es una relación causa-efecto. Por ejemplo, si vas a un restaurante y la comida no es buena y el servicio tampoco lo es, ¿regresarías allí? Probablemente no (a menos que te encante auto castigarte). ¿Significa eso que nunca vas a volver a ir a comer?

Algo que hay que recordar es que el problema no es "el matrimonio", el problema es que la relación con una pareja no resultó. De hecho, es posible cambiar de opinión acerca de no volverse a casar cuando aparezca la persona "adecuada"... (*Nunca digas nunca...*)

¿Cómo reacciono ante las personas que me preguntan cuándo me volveré a casar?

Como ya lo hemos dicho a lo largo de las fases, la mejor forma de manejar las preguntas de quienes te rodean determinará la forma como los demás sigan actuando. No tienes por qué dar explicaciones para justificar tu forma de pensar. Puedes decir sí, no, o no estoy pensando en eso por ahora. Cualquiera que sea la respuesta, sólo debes decirla y seguir adelante. Así todos sabrán que tu vida no gira en torno al "matrimonio". Es posible que sólo piensen en el matrimonio cuando te ven o cuando hablan contigo porque en una época estuviste muy contenta con la institución del matrimonio y lo único que querías era tener una buena vida con tu pareja. Es posible que crean que si volvieras a *casarte*, serías feliz. Pero tal vez estos amigos o parientes no se den cuenta del enorme cambio por el que has pasado después del divorcio que te ha ido convirtiendo en una persona feliz en formas en las que nadie más que tú puede entender.

¿Cómo evito el miedo exagerado a establecer nuevas relaciones? (Por ejemplo: Si fui demasiado pasiva en mi matrimonio, tal vez pueda exagerar el comportamiento contrario y convertirme en una persona controladora y exigente).

La capacidad de aprender de las experiencias es una de las cosas más hermosas de un ser humano. Sí, es posible que quieras ensayar cosas nuevas y comportarte de forma distinta. Sin embargo, aprender de una experiencia no significa que vayas a hacer exactamente lo opuesto de lo que hacías antes. Debes saber quién eres cuando comiences una nueva relación, pero también debe saber cuáles son las áreas en las que deseas mejorar para que tu nueva relación sea significativa y sólida.

No necesitas cambiar tu forma de ser para tener una relación exitosa. Debes ser sincera contigo misma y, sí, debes cambiar en ciertos aspectos en los que quieres mejorar. Si fuiste la mujer que nunca tenía el control remoto, si siempre dejabas que tu esposo eligiera lo que cenarían y nunca expresabas tus frustraciones, tenlo presente y procura acordarte de corregir esos comportamientos. Aprende a comunicar tus deseos, necesidades y frustraciones de forma sana. Pero no tienes que llegar hasta el extremo de convertirte en otra persona. Sólo porque hayas sido pasiva en tu relación anterior no significa que debas monopolizar tu nueva relación. La vida y las relaciones se basan en el equilibrio. Comparte el control remoto. Comparte las decisiones de lo que comerás para la cena.

¿Cómo reacciono ante las personas que siempre tratan de desestabilizarme y de detener mi proceso de redescubrimiento, sobre todo cuando se trata de personas a quienes amo (por ejemplo, mi madre, mi hermana o mi mejor amiga)?

Debes comprender que no puedes comenzar, de un momento a otro, a vivir dentro de una "bola de cristal", donde tu vida y tus bases estén totalmente protegidas, donde nadie ni nada te pueda perturbar. Sin embargo, puedes establecer a tu alrededor algunos elementos de esa "bola de cristal". Está bien, y es conveniente, escuchar otros puntos de vista. Pero NO permitas que te desestabilicen. En los casos en los que te den consejos no-solicitados, sólo tienes que escuchar lo que te dicen (aunque no estés de acuerdo), no discutas y sigue adelante. Procura evitar discutir acerca de aspectos de tu vida con quienes tienen opiniones contrarias en cuanto a cómo debes vivir tu vida. ¡La única persona que entiende exactamente lo que ocurre en tu vida eres tú!

Tú diriges una película (tu vida), y debes imaginarse cada día como si estuvieras dirigiendo una escena de esa película. Como directora, cuentas con un equipo de personas para guiarte en áreas específicas, y serán quienes te aconsejen, diciéndote cómo creen que quedaría mejor cada escena. Esas personas son componentes cruciales del proyecto, pero no deben cambiar la visión de tu película. Recuerda, eres tú quien la dirige y eres tú quien decide cómo debes proceder.

¿Está bien pasar algunos días sin hacer nada?

Está perfectamente bien tener algunos días "neutros", en donde lo único que quieras hacer es recargarte de energía, sobre todo después de haber pasado por una época de emociones intensas. Sin embargo, lo que importa es cuándo y cómo.

CUÁNDO: Definitivamente, estos días no deben tenerse cuando no se está emocionalmente lista para ellos. Por ejemplo, si estás un poco triste, debes hacer algo e involucrarte en actividades que te ayuden a sentirte alegre y llena de energía.

CÓMO: La forma como transcurran estos "días neutros" es crucial. En esos días de "no hacer nada", asegúrate de hacer algo que te guste. No se trata de quedarte inactiva mirando al techo. Mira alguna de tus películas favoritas, lee un buen libro, o date un baño de burbujas. Identifica las cosas que realmente disfrutas para que aunque "no estés haciendo nada" hagas algo que te guste.

Estos días son muy efectivos cuando lo único que quieres es descansar, tomarte un tiempo libre y recuperar energías, pero, si no estás emocionalmente lista, pueden ser peligrosos. Te puedes hacer daño si estás deprimida o si haces cosas que te entristezcan o depriman.

¿Qué hacer cuando a veces a uno lo invade una sensación de pérdida? (Se tiene la sensación de que el ex esposo ha sanado plenamente, ha seguido adelante, etc., y uno sigue quedándose, ESTANCADO.)

Antes de poder enfrentar esos sentimientos, hay que entenderlos. Hay que entender que es posible que hayas perdido a tu pareja, pero NO has perdido tu vida. Cualquiera que sea la intensidad de la experiencia, has aprendido mucho y el resultado es que has mejorado como persona. Debes entender que es un ser humano y tiene sentimientos. Quedarte estancada de vez en cuando no es el problema, lo importante es tener las herramientas necesarias para manejar efectivamente esa situación. Es importante saber que no es sólo cuestión de tiempo ni de encontrar un nuevo amor, para sobreponerse a estos sentimientos de tristeza. ¡Debes analizarte y descubrir la raíz de tus sentimientos para poderlos resolver!

Entiende que no has perdido sino que, por el contrario, has ganado mucho. Has ganado porque pudiste poner fin a una relación que no estaba funcionando, has aprendido de esa experiencia y te has descubierto de nuevo como persona. Has ganado porque puedes buscar tu felicidad.

¿Cuáles son los elementos clave que deben recordarse en cada una de las tres fases?

Fases	¿De qué se trata?	Parte más importante	Elemento clave
Aceptación (I)	Conectarse con la realidad	PERDONARSE	Aceptar y permitirse hacer el duelo
Reconstrucción (II)	Conectarse consigo misma	USTED	Reconstruirse a sí misma y conocerse a fondo
Redescubrimiento (III)	Conectarse con el mundo a su alrededor	SU VIDA	¡La vida es JUSTA!

Quinta Parte

Cartas de mis amigos

*Sobre el matrimonio, el divorcio
y las lecciones aprendidas*

"Convierte tus heridas en sabiduría".
—*Oprah Winfrey*

C uando *empecé* a escribir este libro, le pregunté a algunos de mis amigos si querrían escribir unas pocas frases sobre sus divorcios y lo que habían aprendido de ellos. Pensé que podrían mencionar algunos aspectos que yo no hubiera experimentado. Cada uno de ellos tenía una experiencia diferente de divorcio y quería asegurarme de cubrir la mayor cantidad posible de "aspectos del divorcio". Les pedí que escribieran sólo unas frases, pero la mayoría escribió páginas enteras. He seleccionado las partes más emotivas, más importantes y más útiles de sus cartas para que también puedas aprender de sus experiencias y puedas darte cuenta de que *no eres la única que ha pasado por esto.*

KIM
Casada durante 7 años, divorciada desde hace cuatro, sin hijos

Bien, estuve casada siete años y, afortunadamente, nunca tuve hijos. Mi ex esposo me pidió el divorcio después de que había decidido desde hacía ya tiempo que nuestro matrimonio había llegado a su fin. Aparentemente, mi trabajo había sido un factor importante para él en la toma de esa decisión. Viajaba con frecuencia, y nunca me dijo nada hasta que ya era demasiado tarde. Mental y emocionalmente se había alejado ya del matrimonio y había decidido por ambos que había llegado a su fin. Para entonces, realmente no tuve palabra alguna en el asunto.

Llevo cuatro años divorciada. Ha sido realmente difícil enfrentarlo. Soy una persona reservada y discreta, de por sí, y con la humillación y la vergüenza, simplemente me encerré en mi misma. Por mucho tiempo quedé prácticamente congelada. A veces pienso que todavía estoy como paralizada. Me enfurecí y me deprimí. Con frecuencia pensaba en que no quería estar aquí (esos pensamientos ya no los tengo). Pero siempre estaba furiosa o deprimida —en uno de esos dos estados— todos los días, por más de dos años. Todavía caigo en esa trampa de vez en cuando. Mi divorcio encendió una especie de fuego en mis entrañas. Tengo mucha ira y en realidad no sé cómo manejarla. Tengo poca paciencia y mi temperamento está fuera de control. Me enfurezco por las cosas más insignificantes. La falta de cortesía de un cajero en el banco, o alguien que me cierre el paso en el tráfico, basta para que estalle sin control. Además, no les conté nada a mis familiares ni a mis amigos acerca del divorcio hasta que llegué a casa para la cena de Navidad y, bien... él no llegó conmigo.

Lo que empezó como un divorcio sin desacuerdos cambió cuando me encontré con algunas cosas que no eran mías. Siempre he pensado que las cosas suceden por una razón. Desde el divorcio, he podido hacer el trabajo que me encanta y he podido viajar a muchos sitios, otra cosa que me fascina. Sin embargo, en el divorcio también perdí algo. Creo que perdí la confianza en los hombres y en la gente en general. Todavía me resulta muy difícil permitir que alguien trate de entrar en mi vida. O al menos alguien nuevo.

Hace más de un año que estoy yendo donde una terapeuta. Estoy empezando a dar pasos para manejar el divorcio, entre otras cosas. Sé que él ha seguido con su vida y con frecuencia me digo que ya estoy lista para hacer lo mismo, pero cada vez que se presenta una oportunidad, invento alguna excusa. Lo cierto es que hizo justo lo que había prometido que jamás haría. Su padre engañaba a su madre cuando él era un adolescente. Esa experiencia y el dolor que le produjo lo llevó a jurar que jamás podría hacerle esto a nadie. Bien, mis queridos amigos, parece que hijo de tigre, sale pintado.

Como ya lo he dicho, creo que las cosas suceden por una razón y tal vez nunca sepamos las respuestas. Por lo tanto, me conformo ahora con frases genéricas para indicar que estoy divorciada, pero no expreso mis pensamientos ni mis sentimientos más profundos al respecto. Al menos, no lo he hecho hasta ahora. Siempre he desechado cualquier pensamiento serio al respecto, diciéndome que de alguna forma milagrosa todo se va a resolver por sí solo si me limito a esperar. Esto nunca ha ocurrido. Creo, en otras palabras, que todavía estoy herida, me siento rechazada y me pregunto si alguien podrá quererme o si yo lograré volver a querer a alguien alguna vez. He perdido mi autoestima. He perdido mi identidad y me he perdido a mí misma. No sé quién soy y no sé qué me hace feliz. Sólo estoy aprendiendo algunas cosas nuevas. Sí creo que tengo que entenderme mejor antes de permitir que alguien nuevo entre en mi vida, pero quisiera tener a alguien especial. Sé que tomará mucho tiempo llegar a un sitio donde me sienta cómoda. Ha sido muy grande el daño. No he logrado definir, realmente qué puede tener todo esto de bueno. Aún espero la respuesta.

Sé con seguridad que ya él no me hace falta, pero sí me hace falta esa persona al otro extremo. Sé que con el tiempo esto cambiará, pero eso puede tardar toda la vida. No sé si podré esperar tanto tiempo.

TRACEY

Casada durante 7 años y ½ años, divorciada hace 1 año y ½, 2 niños

Michael y yo estuvimos casados un poco menos de siete años y medio; y antes de casarnos fuimos novios durante un año. Me pidió que me casara con él y, a los tres meses, nos habíamos casado. Tuvimos dos niñas maravillosas que ahora tienen seis y cuatro años. Debido a ellas ¡NUNCA me arrepentiré de haberme casado!

Hemos estado separados por un poco más de año y medio y el divorcio se formalizó hace tres meses. Debo decir que ha sido el año y medio más difícil de mi vida. Es como si alguien hubiera metido mi vida en una licuadora que está constantemente a la velocidad más alta. Realmente tenemos que querer mucho a esas amigas que nos dicen, "Mi esposo nunca ayuda. Es como si fuera una madre soltera". Porque la verdad es que no lo es. Y nunca lo sabrás a menos que lo hayas experimentado, así que, no lo puedes entender.

Fui yo quien decidió que debíamos divorciarnos. Tuvimos lo que yo llamaría "un incidente". Dos días después, yo estaba en la oficina del abogado experto en divorcios. Presenté la solicitud de divorcio y nunca miré atrás. Aunque, sinceramente, sí hecho de menos la familia, la pareja, los viajes familiares, las cenas con la familia, etc. Todas estas son las cosas en las que uno no piensa cuando entra a la oficina del abogado. Afortunadamente para mí, el proceso de divorcio fue fácil y nos entendemos bien ahora ¡Lo cual es importante para nuestras hijas! ¿Qué aprendí? Definitivamente, jamás se les vaya a ocurrir engordar veinticinco libras. ¡Es muy difícil deshacerse de ellas! Antes que todo, lo más importante es quererse a uno mismo, de lo contrario, no será posible querer a plenitud a tus hijos ni a nadie más.

EVELYN
Casada durante 10 años, 2 niños

Estuve casada diez años y tengo dos hijos de ese matrimonio. La decisión del divorcio fue larga y difícil porque me crié con valores tradicionales y conservadores. La idea de ser juzgada por mi propia familia era desalentadora. Educar sola a mis hijos ha sido la parte más difícil del divorcio. Aunque he tenido la bendición de contar con dos hijos maravillosos, llevar la responsabilidad de la madre y el padre ha sido un reto. Otro aspecto difícil del divorcio fue el emocional. Me dolió mucho ver tristes a mis hijos. No dejaban de preguntar por qué les sucedía esto. Estaban expuestos a las preguntas de sus amigos en relación a la ausencia de su papá. Lo que he aprendido de esta experiencia es que me ha revelado una fuerza interna que no sabía jamás que tenía.

MITCH
Casado por 10 años, 2 hijos

Mi historia es la siguiente: Cuando conocí a mi esposa en la universidad me dijo que éramos hermanos del alma. Después de diez años, nos separamos —sin tribunal, sin abogados, simple respeto mutuo— y compartimos la meta de continuar en la forma más pacífica posible. Durante años después de terminada la relación, nuestros dos hijos iban y venían entre nuestras casas noche a noche. Suena loco, pero podríamos decir que funcionó. Vivíamos a la vuelta de la esquina el uno de otro y seguimos siendo buenos amigos. Aún lo somos, pero ahora vivimos más retirados —ella se volvió a casar— yo tengo otro hijo y una nueva relación. Todavía compartimos la custodia, pero el horario es menos intercambiado. No considero que yo haya sido un niño modelo en cuanto a llevar una vida ordenada, si es que semejante cosa existe, pero sí puedo

decir que mis hijos, nuestra locura de familia extendida, y yo, tenemos gran cantidad de alegría y amor. Entonces, ¿qué he aprendido? Si podemos renunciar a lo que "hubiera podido ser" y nos
centramos en "lo que es" podríamos a lograr mejores resultados.

OMAR
Casado durante 2 años, hace poco pidió el divorcio, 1 niño

Conocí a mi ex esposa en el 2003 y salimos durante varios meses.
Supe de inmediato que no era para mí. A los siete meses terminamos el noviazgo y decidimos quedar como amigos. Fui a fil-
mar una película en otro lugar y dos semanas después me llamó a
decirme que estaba embarazada. Cuando terminamos la película,
volví a Miami a hablar con su padre. Le dije que no estaba prepa-
rado para casarme. Aún éramos muy jóvenes y teníamos que llegar
a conocernos mejor. Le dije que quería vivir con ella para ver cómo
nos iba. Me dijo que eso no era posible y que si no me casaba con
su hija, ella no podría ir a vivir conmigo. Hice lo que consideré correcto y le pedí que se casara conmigo. Durante este tiempo, descubrí que había tenido una niñez muy tormentosa y había sufrido
severos ataques de pánico como resultado. Nos unimos mucho e
intentamos superar los problemas.

Cuando nació nuestra bebé, fue la mejor experiencia que he tenido en la vida decidimos que debíamos mudarnos a Los Ángeles
para que yo pudiera continuar con mi carrera como actor. Viajé a
Los Ángeles a buscar un lugar donde vivir con el propósito de volver a Miami a traerlas a California. Cuando regresé a Miami, descubrí que me había sido infiel. Nos separamos por algún tiempo,
pero eventualmente decidimos que debíamos ensayar de nuevo
por el bien de nuestra hija. Volvimos a vivir juntos y nos mudamos
a Los Ángeles donde vivimos durante tres o cuatro meses. Fue sólo
cuestión de tiempo para que me engañara de nuevo y fue entonces

cuando decidí pedir el divorcio en los tribunales de Los Ángeles. Ya no podía soportar más infidelidades. Se mudó a Miami y allí pidió el divorcio con la dirección del lugar donde vivía su madre indicando que el estado donde residía nuestra hija era Florida.

Las cosas se han ido poniendo cada vez peores. No voy a entrar en detalles, pero, en resumen, me encuentro en una horrible batalla por la custodia de la niña. Lo que más me molesta es que sé que mi hija no se encuentra en un ambiente estable y no hay nada que yo pueda hacer al respecto. Siento como si fuera el único que estuviera pensando en los sentimientos de la niña y en la forma como esto la afectará. Yo sigo estando en el centro de la tormenta, por lo que no estoy seguro de haber aprendido de mi divorcio en este momento. Sé que los adultos no deben herirse mutuamente utilizando a los hijos como revancha, y espero que mi ex esposa se dé cuenta de eso antes de que sea demasiado tarde.

ELSA
Casada durante 21 meses, 1 hijo

Estuve casada durante un año y nueve meses con un hombre que, inicialmente, parecía ser tierno y amoroso, pero que después cambió y se convirtió en un hombre dominante, agresivo y abusivo.

Durante el noviazgo, le noté signos de agresividad, pero puesto que jamás me golpeó, atribuí esa agresividad al estrés relacionado con el trabajo y al reto de tenerse que adaptar a nuestra vida juntos. Sin embargo, poco a poco, comenzó a mostrar lo que era de verdad: Un ser humano frío, calculador, abusivo y dominante.

Después de un año y seis meses de matrimonio, y dos intentos de separación, quedé embarazada de mí hijo Fabian que sería mi "salvación". Estaba abrumada de emociones conflictivas... felicidad, confusión y preocupación. ¿Quién hubiera podido pensar que después de desear tanto un hijo, podría preocuparme tanto y sentirme tan culpable de traer a un niño a un hogar donde el abuso físico, verbal y emocional era el pan de cada día? Eso me hacía sentir la peor de las madres.

Sin embargo, fue precisamente Fabian quien me dio la fortaleza para abandonar esa relación repugnante, donde diariamente escuchaba frases como "Lo siento", "Nunca lo volveré a hacer", "Te amo", "Tu eres mi todo" y "Tu me provocaste porque no hiciste lo que te dije", que no me permitían ver la realidad de mi situación. Fue tanto por el bien de Fabian como por el mío propio que decidí salirme de esa relación que me había hecho tanto daño y que también le haría daño a mi bebé si no tomaba una decisión pronto.

No me fue fácil irme. Tuve que llamar a una línea de ayuda para víctimas de violencia doméstica y llamar a la policía para poder sacarlo de la casa, puesto que tomé la decisión a mitad de un incidente en donde la vida de mi bebé estaba en peligro (y tal vez la mía también).

Hubo muchas ocasiones en las que la depresión, la confusión y las lágrimas me abrumaban. Sufrí. Sí, sufrí mucho. Cuando me casé, pensé que lo haría para toda la vida. Soñaba con tener un hogar amoroso y uno o dos hijos que lo colmaran de felicidad.

Pero la realidad fue totalmente distinta. Estaba sola (en una ciudad lejos de mi país), embarazada (por primera vez), desempleada (porque yo antes trabajaba para él), y con más preocupaciones e incertidumbres de las que jamás había tenido en mi vida. ¿Podré criar a mi hijo yo sola? ¡Sí, sí puedo! Dios siempre ha estado conmigo y lo sé porque Él me ha dado un hijo sorprendente que cada día me da la fortaleza para resistir y luchar por un futuro mejor para los dos.

En realidad, nunca me dejé derrumbar. Los golpes y el sufrimiento de la vida me han convertido en una mujer madura, inteligente, segura de sí misma, orgullosa de avanzar con la cabeza en alto porque aunque soporté y permití muchas cosas negativas en mi relación, fueron precisamente esas las cosas que me hicieron reaccionar, aceptar mi realidad y tomar la decisión correcta.

Han pasado ocho años y debo admitir que, al recordar todo el sufrimiento y el dolor que tuve que soportar, no puedo evitar el llanto. No sé por qué, pero lloro. Todavía me duele. Tal vez aún no lo he superado... No lo sé. Pero si hay algo de lo que esté absolutamente segura ahora es de que soy la feliz mamá de un niño hermoso y amoroso que me adora y me lo dice todo el tiempo; que me hace los más lindos dibujos y me escribe las más preciosas cartas de amor, un niño al que amo con locura; y a quien llamo "mi pequeño Amor".

Fabian y yo tenemos una vida pacífica, hermosa y segura y una comunicación excelente. No es fácil criar un hijo estando sola. Como madre soltera que trabaja fuera de su hogar, soy la única responsable por todo lo que tenga que ver con las tareas, las notas, las situaciones que se presentan con los compañeros de clase (a mi hijo lo están evaluando para determinar si tiene trastorno de déficit de atención), además de manejar todos los aspectos del mantenimiento del hogar, las cuentas y las responsabilidades financieras (no recibimos apoyo financiero para el niño).

Como mamá, siempre procuro darle a mi hijo lo mejor de mí y, aunque a veces me puedo sentir frustrada por las situaciones que se presentan, sé que estoy haciéndolo bien. Sé que un día veré a mi hijo llegar muy lejos. Se convertirá en un profesional, en un hombre íntegro. Tengo fe en él... ¡y también en mí misma!

He aprendido a no tener miedo de expresar mis sentimientos, de tomar mis propias decisiones y de no permitir que entre en mi vida nada que yo no desee. Me he dado cuenta de que soy más fuerte de lo que creí que podría ser.

SARAH
Casada durante 5 años, considerando la posibilidad de un divorcio, 1 hijo

He estado casada durante cinco años y Dios me ha bendecido con la hija que soñábamos. En la actualidad asistimos a sesiones semanales de terapia, cuyo propósito original era reparar nuestro matrimonio. En vez de eso, han servido para convencerme de que lo que quiero más que cualquier otra cosa es vivir por mi cuenta, con mi hija. Aunque quiero mucho a mi esposo, no estoy enamorada de él; además, por mucho que él se esfuerce, simplemente no tiene la capacidad de ser la pareja de toda la vida que necesito para ser feliz ahora y en el futuro.

Toda mi vida quise ser mamá. A pesar de que soy una mujer profesional y exitosa, eso no es exactamente lo que siempre quise ser. Sólo quería ser una mamá de dos hijos que tendrían el papá maravilloso que yo nunca tuve. Lo que me impulsó a graduarme de la universidad y a sobresalir en mi trabajo fue lo que experimenté en mi hogar. Mi mamá vivió una pesadilla de matrimonio, principalmente porque dependía financieramente de mi padre, y yo juré que nunca estaría en esa situación. Crecí protegiendo siempre a mi mamá de los abusos físicos y emocionales de mi papá (que era un mujeriego) y rogándole todos los días que lo dejara (¡¡y hasta llamé a la policía!!). Fue muy doloroso ver a mi madre tan infeliz, pero ella sentía que tenía que quedarse con mi papá debido a sus hijos y debido a la estabilidad financiera. Por lo tanto, mientras crecía, yo fui la persona adulta y la que se ocupaba de dar cariño en mi hogar y mi mamá fue siempre una persona extremadamente nerviosa y emocionalmente desecha. Aunque pasé veranos maravillosos en los campamentos, no recuerdo haber tenido realmente lo que pudiera llamarse una niñez. Cuando por último mis padres se divorciaron después de veinticinco años de matrimonio, sentí un alivio inimaginable.

Cuando llegó el momento de elegir un compañero para el resto de mi vida, todo lo que quería era lo contrario de lo que había visto en mi papá. Que este fuera "un buen hombre", de buen corazón, fiel, respetuoso, de bajo perfil, que nunca recurriría a la violencia (verbal o física). Mi madre siempre decía, "Debes casarte con alguien que tenga dinero para que pueda cuidarte", y "Es tan fácil enamorarse tanto de un rico como de un pobre", frases que, en ese momento, yo consideraba frívolas y desagradables. Además, pensaba que podía ganarme la vida por mí misma, por lo que podía casarme con la persona de quien me enamorara, sin importar cual fuera su nivel de ingresos.

Cuando al fin lo conocí, me ennovié y me casé con quien fuera mi amable esposo, pensé que sería el comienzo de una maravillosa vida juntos. ¿Qué podría salir mal? ¡¡Era un buen hombre!! Estaba tan enamorada y me sentía feliz de sólo estar en la misma habitación con él. Me encantaba encargarme de todas las cosas de la casa, me encantaba amarlo y demostrarle todo mi cariño. Nunca me pasó por la mente que yo también tenía que recibir cuidado y atención. Él tiene éxito en una carrera artística que le exige viajar mucho y es extremadamente inestable; aún los mejores artistas pueden tener dificultades financieras. Su arte no es sólo su carrera sino su gran pasión, su VIDA —algo que inicialmente me pareció hermoso y admirable.

Compramos entre los dos una casa con una cuota inicial que yo pagué. Compré nuestro automóvil porque era usado, de los años ochenta. Y comenzamos nuestra vida como pareja. Yo me encargaba de todo mientras que él salía a trabajar. Las cosas fueron muy bien el primer año porque yo era muy independiente y me gustaba tener tiempo para estar sola, pero para el segundo año me pude dar cuenta que nos estábamos desconectando. Cuando quedé embarazada por primera vez, su reacción fue quejarse de las cosas que no alcanzamos a hacer juntos antes del embarazo. Fue un embarazo duro y deprimente que pasé prácticamente sola (porque él estaba viajando), y perdí el bebé a las diecinueve semanas. Naturalmente, en ese momento, también estaba sola.

Ahora creo que ya en ese momento, en lo más profundo de mi ser, ya sabía que teníamos problemas; pero estaba tan obsesionada con la idea de tener un hijo que no quise aceptarlo. Además, él era un buen hombre, que me amaba y me era fiel y todo el mundo hablaba de lo dedicado que era y de la suerte que teníamos de tener una relación así.

Unos meses después, quedé embarazada de nuevo. Una vez más, durante el embarazo, estuve muy preocupada y deprimida y, de nuevo, pasé casi todo el tiempo sola, trabajando sin parar y preocupándome de todas las tareas de la casa. Mi esposo llegó para el parto, pero aunque le rogué que no lo hiciera, cuando la niña tenía apenas diez días, se fue en un viaje de negocios de dos meses. Por lo que quedé sola con la recién nacida, en una ciudad en la que no tenía familia ni una niñera que me ayudara... y seguía trabajando.

Para cuando mi hija cumplió un año, me di cuenta de que no era feliz y de que durante los últimos tres años había sido una persona muy depresiva. También comencé a darme cuenta de que con todas las responsabilidades de ser la proveedora del hogar y la encargada de cuidar a mi niña, mi estado físico ya no daba más, estaba siempre bajo un enorme estrés y una abrumadora ansiedad; no era yo, eso ya no era VIDA, sólo existía. Si no hacía algo y pronto, no iba a poder ser la mamá que podía ser para mi hermosa niña.

Cuando desperté a la realidad de mi situación, mi ira y mi resentimiento fueron aumentando. ¿Por qué este hombre que supuestamente me quería tanto, este hombre con el que me casé, me descuidaba en semejante forma? ¿Por qué no entendía que debía intentar al menos ser el principal proveedor de nuestra familia, sobre todo cuando yo siempre decía que mi sueño era ser ante todo una mamá? ¿Por qué no sentía la necesidad de estar allí para nosotras o inclusive de estar presente cuando de casualidad estuviera por ahí? ¿Por qué no éramos nosotras una prioridad? ¿Cómo era posible que yo hubiera pasado los últimos tres años de mi vida deprimida (y créanme que, era *evidente*), y que él ni siquiera se hubiera referido a eso, ni hubiera tratado de hacerme sentir mejor ni de estar allí para ayudarme?

De pronto vi las cosas tal como eran. Aunque es un buen hombre, fiel y de buenas intenciones, carece de la capacidad de ser alguien que comparta la responsabilidad conmigo, como pareja, alguien que pueda hacer de nuestra familia una prioridad. Sus actitudes demostraron que para él estaba bien que yo sacrificara mis sueños (de ser mamá de tiempo completo y tener otro hijo) para poder seguir trabajando y garantizando que él pudiera vivir la vida de sus sueños, año tras año. Él podía seguir trabajando en su oficio, viajando por el mundo, mientras que tenía la mujer y la hija perfectas esperándolo en su hogar perfecto.

He llegado inclusive a creer que mi esposo estaba enamorado de la idea del matrimonio, de la forma como la gente lo percibía, y de lo que esto le hacía sentir. No estoy muy segura de que estuviera enamorado de mí, simplemente porque nunca me dedicó el cariño ni el cuidado necesarios para hacer que las cosas funcionaran. Parecía satisfecho de tener a la familia en piloto automático y de que eso estuviera bien para mí.

He decidido que debemos separarnos, pero mi esposo todavía cree que el matrimonio pueda salvarse. Ahora está dispuesto a hacer "lo que sea" por hacer que las cosas funcionen, pero pienso que es demasiado tarde. El aspecto positivo es que la situación lo ha convertido en un padre más activo, y por fin ha establecido lazos afectivos con nuestra hija. Se adoran, y es algo hermoso de ver.

Me siento terrible por lo que le estoy haciendo, sobre todo porque va a tener que vivir lejos de su niñita, pero me he prometido ser justa y permitirle que esté con ella todo el tiempo que sea necesario, aunque me duela tener que separarme de ella durante los días que esté con él. Sigo pensando que puede tener el padre maravilloso que yo nunca tuve, aunque estemos divorciados. También sé que no sería sano para nuestra hija ver a su madre llevar una vida infeliz (como me ocurrió a mí con mi madre).

Quiero que ME conozca como la persona que yo solía ser. La mujer feliz, activa, llena de vida, aventurera. También quiero que ME conozca como la mujer en la que me he convertido, que sabe dar cariño a los demás pero también cuidarse ella misma; una mujer que por fin sabe cuánto vale y que no se conformará con menos de lo que se merece; una mujer que se ha dado cuenta que sólo con estabilidad emocional y siendo feliz podrá ser la mejor de las madres para su hija.

Sé que no va a ser fácil, y que tendré que enfrentar muchas luchas y sentirme culpable, pero sé que es la mejor decisión para mi hija y para mí.

Lo que he aprendido hasta ahora:

He aprendido que uno necesita una pareja dispuesta y decidida a crecer y a enfrentar juntos los retos de la vida, una pareja que crea en los valores y respalde mis sueños tanto como yo respaldo los suyos.

He aprendido que hay que ser lo mejor que uno pueda ser y tener el mayor equilibrio emocional y la mejor felicidad para ser la mejor madre y el mejor ejemplo, aunque lograrlo signifique obtener el divorcio.

He aprendido que está definitivamente bien pensar en uno y hacer lo que hay que hacer para ser feliz.

He aprendido que aunque el divorcio es increíblemente duro, sobre todo cuando hay niños, ofrece también la oportunidad de un nuevo comienzo y de crear una vida más feliz y más plena para uno y para sus hijos.

JAVIER
Casado durante 5 años, 2 niños

Estuvimos juntos más de dieciséis años. Siempre pensamos que el matrimonio no era una institución esencial y formamos nuestra familia sin el vínculo matrimonial. Luego, un día, el menor de nuestros hijos nos bombardeó con preguntas acerca del por qué no estábamos casados; y sin pensarlo mucho, decidimos dar ese paso para legitimar nuestra unión después de haber vivido juntos durante once años.

Tuvimos muchas ocasiones de felicidad total que nos hicieron olvidar momentáneamente que ya teníamos muchas disfunciones en nuestra relación. Había pasado mucho tiempo desde que habíamos tenido intimidad y tal vez el peor error de mi parte fue no mencionar ni siquiera el tema y no haber tomado la decisión de consultarlo con un especialista que había podido ayudarnos a entender mejor las distintas etapas por las que pasa una pareja cuando se juran amor eterno "hasta que la muerte nos separe".

Por una parte, yo me desquitaba de la falta de relaciones sexuales siéndole infiel a mi esposa durante mis frecuentes viajes de negocios. Por otra parte, mi esposa me trataba con rudeza e inclusive con falta de respeto cuando estábamos en reuniones con amigos, para desahogar sus frustraciones. En vez de ponerle límites a su actitud hacia mí, yo decidía callarme debido a un profundo sentido de culpa que comencé a sentir desde la primera vez que le fui infiel.

Como es fácil de imaginar, esta situación fue de mal en peor, hasta que, un día, mi esposa me preguntó si alguna vez le había sido infiel. Intenté, con mucha torpeza, evitar el tema, pero en medio de la discusión, decidí desahogarme y le confesé que le había sido infiel varias veces.

Ese fue el fin de nuestra relación como pareja. Después de que nuestros ánimos exaltados por todo lo que nos dijimos se calmaron, pude comunicarme otra vez con ella, pero jamás pudimos reconciliarnos porque la confianza ya no existía entre los dos.

El resultado positivo de esta fea historia fue que aprendimos a respetarnos y a cuidar nuestra familia como la prioridad número uno. Ahora, hemos podido llegar a un nivel de amistad que nos ha permitido disfrutar de nuestra mutua compañía como amigos. Todavía tenemos que ver qué ocurre cuando ella o yo aparezcamos con alguien más significativo a nuestro lado. Esta historia continuará.

Mis palabras finales

"Todo final tiene un nuevo comienzo".
—*Proverbio*

En la primavera de 2004 tomé la decisión de mudarme a Los Ángeles. Miami había sido mi refugio por dos años; era el lugar donde me había convertido en una persona firme, estable y fuerte. Tenía una enorme red de apoyo pero por motivos que sólo yo podía entender, también sabía que debía dejar atrás ese sistema de apoyo. Que debía convertirme por un tiempo en mi propio apoyo. Le dije a Jennifer que comenzara a buscar un apartamento, puesto que ella ya vivía en Los Ángeles. No dejaba de decirme, "¿estás segura?" Y lo estaba. Nunca había estado más segura de nada en mi vida. Jinny estaba esperando a Andrea en esa época y decidí que, después de que Andrea naciera, pasaría un mes con Jinny, y luego me iría.

En septiembre del 2005, llegué a Los Ángeles y sentí que era lo correcto. Durante los primeros meses, vivimos en un apartamento minúsculo. Bien, todos me dicen que era demasiado pequeño y apretado, pero yo no lo recuerdo así. Recuerdo que era maravilloso. La sala, el comedor y la cocina habrían cabido en mi antigua alcoba, pero me gustaba mucho más. Era mío, todo mío. Recuerdo que los niños estaban siempre encima de mí, y yo era responsable de cada minuto de cada día. Fue una sensación sorprendente. Salíamos y explorábamos la ciudad durante horas; éramos un grupo alegre de tres niños fascinados porque todo era nuevo y emocionante. Los tres nos enamoramos de inmediato de la ciudad. No llamaba tanto a Miami como pensé que lo haría o como tal vez lo he debido hacer. Era como si Jinny hubiera sido mi curso universitario y ahora me hubiera soltado a volar en libertad. Ella me conocía muy bien y me amaba lo suficiente como para dejarme ir. Tenía su apoyo incondicional y también la libertad incondicional que me daba, lo que constituye los mejores regalos que una amiga, una hermana o una terapeuta puede dar.

Dos años después de que me mudé a Los Ángeles, recibí una llamada de Jinny para decirme que ella y José pensaban mudarse aquí también. No me permití entusiasmarme. No me permití pensar que Jinny, José y Andrea realmente vendrían a vivir aquí. Sentí que mi vida había completado el ciclo. Hacía apenas unos días habíamos estado repasando nuestras correcciones del libro, Jinny y yo sentadas, cadera contra cadera, como lo habíamos hecho hacía tantos años en nuestra cama en Puerto Rico cuando aún éramos niñas. Nos reíamos, recordábamos, analizábamos la vida y el amor. Esta vez no hablábamos de vestidos de novia sino de divorcios, de nuevas relaciones y de viejos amores. Hablábamos también de dónde estábamos cuando nos habíamos comprometido. Yo estaba dentro de mi clóset. Jinny estaba en medio de un concierto. Estoy muy segura de que no fue así como soñamos que serían nuestras propuestas de matrimonio durante todos esos años de adolescencia mientras hacíamos planes para nuestros futuros.

Sin embargo, en realidad, ninguno de nuestros planes ni de nuestras predicciones se hicieron realidad. Jamás soñé que sería

Miss Universo. Jamás pensé que terminaría divorciada. A ninguna de las dos se le pasó por la mente que viviríamos en Los Ángeles. Ninguna de las dos pensó que escribiríamos un libro. Y, sin embargo, aquí estamos. La vida nos tomó de la mano y nos trajo a este sorprendente lugar. Si tuviera que hacerlo todo de nuevo para llegar aquí, y sentarme cadera contra cadera, con mi mejor amiga, riendo, recordando, hablando de la vida y del amor, puedo decir con total seguridad que ¡volvería a hacerlo todo exactamente igual!

Han pasado ocho años desde cuando dije, "Sí, acepto", y cuatro años desde cuando dije "Adiós". Me ha tomado cuatro años enteros pasar por las fases de aceptación y reconstrucción hasta llegar por último a la fase del redescubrimiento. Estoy plenamente comprometida con esta última fase, y no quiero salir de ella. Éste fue el más grave error que cometí en mi matrimonio. Dejé de buscarme a mí misma, dejé de permitirme crecer. Creo que estamos en esta tierra para encontrar nuestra felicidad y para redescubrirnos constantemente. Si tenemos la suerte de encontrar parejas que nos ayuden en nuestra búsqueda, debemos aferrarnos a ellas con fuerza, y, a la vez, debemos ayudarles en su búsqueda. Pero tan pronto como empecemos a retener al otro, tan pronto como empecemos a gastar nuestros días tratando de soportar los días malos en lugar de crecer y crear felicidad, debemos dejarnos ir mutuamente.

Obtener un divorcio fue la decisión más difícil que jamás haya tomado, pero he llegado a entender que fue también la decisión más madura de mi vida. Por respeto a mí, a mis hijos y a mi ex esposo, ya no podía retenernos a todos en ese matrimonio.

Ahora estoy orgullosa de poder decir que estoy casada con una gran mujer. Su nombre es Dayanara, o Yari para hacerlo más corto. Es hermosa, divertida e inteligente. Es una gran madre, una gran amiga, una gran hermana e hija. Tiene metas y aspiraciones, y no está dispuesta a permitir que nadie se las arrebate. No mira hacia el pasado con nostalgia; mira hacia el futuro con esperanza y entusiasmo.

Tú y yo no hemos tenido las mismas experiencias en cuanto al divorcio, tampoco hemos tenido las mismas experiencias en nuestros matrimonios. Podemos tener metas, deseos dye aspiraciones totalmente distintos, pero espero que puedas utilizar mi historia como inspiración. Espero que puedas descubrir a la persona que siempre quisiste ser y que, como yo, puedas pararte en tierra firme, mirar el horizonte y estar dispuesta a seguir adelante hacia el fututo en una relación sólida y estable... contigo misma.

Algunas de
mis cosas favoritas

M i *meta era abandonar* todo ese equipaje de mi divorcio y llevar conmigo a todas partes una pequeña maleta muy elegante y útil con algunos artículos. En esta maleta guardé algunos de los libros que me fascinaron, algunas de las películas que me inspiraron y alguna música que me inspiró a gritar a todo pulmón dentro del automóvil. Las siguientes son mis listas, a las que hago adiciones constantemente...

LOS LIBROS

No pude encontrar un manual sobre el divorcio que me gustara, pero sí encontré cosas para leer. Leí libros para obtener fortaleza, para escapar y para encontrar consejos sobre cómo ser una buena madre.

Una lista de libros recomendados para fortalecerse

1. *El secreto* por Rhonda Byrne
2. *Chocolate for a Mother's Heart* por Kay Allenbaugh
3. *A Woman's Worth* por Marianne Williamson
4. *After the Breakup* por Angela Watrous y Carole Honeychurch
5. *A Woman's Guide to Getting Through Tough Times* por Quin Sherrer y Ruthanne Garlock
6. *Why Men Love Bitches* por Sherry Argov
7. *When I Loved Myself Enough* por Kim McMillen
8. *God Is in the Small Stuff* por Bruce Bickel y Stan Jantz
9. *The Game of Life and How to Play It* por Florence Scovel-Shinn
10. *El libro de los secretos* por Deepak Chopra
11. *In the Meantime* por Iyanla Vanzant

Una lista de libros recomendados para escaparse

1. *The Princess Who Believed in Fairy Tales* por Marcia Grad
2. *Heartburn* por Nora Ephron
3. *Tart* por Jody Gehrman
4. *Cien años de soledad* por Gabriel García Márquez
5. *Orgullo y prejuicio* por Jane Austen
6. *Persuasión* por Jane Austen
7. *The Cocktail Party* por T. S. Eliot
8. *El alquimista* por Paulo Coelho
9. *Como agua para chocolate* Laura Esquivel

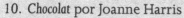

10. *Chocolat* por Joanne Harris
11. *Come, reza, ama* por Elizabeth Gilbert

Una lista de libros para las madres

1. *The Hot Mom's Handbook* por Jessica Denay
2. *Why a Son Needs a Mom* por Gregory E. Lang
3. *First-Time Mom* por Dr. Kevin Leman
4. *Raising Boys* por Steve Biddulph
5. *Perfect Parenting* por Elizabeth Pantley
6. *Supernanny* por Jo Frost
7. *Bringing Up Boys* por Dr. James Dobson
8. *The Busy Mom's Book of Preschool Activities* por Jamie Kyle McGillian e ilustraciones por Tracey Wood
9. *The Everything Parent's Guide to the Strong-Willed Child* por Carl E. Pickhardt, PhD
10. *The Power of Positive Talk* por Jon Merritt y Douglas Bloch
11. *100 Promises to My Baby* por Mallika Chopra
12. *Chicken Soup for the Working Mom's Soul* por Jack Canfield, Mark Hansen, y Patty Aubery
13. *I Was a Really Good Mom Before I Had Kids* por Trisha Ashworth y Amy Nobile

*L*AS PELÍCULAS

Sin importar cuál sea el guión, creo que estas películas elevan el espíritu, nos transportan y por un momento, nos hacen olvidar la situación por la que estamos pasando. ¡Nos dejan una sensación de felicidad, independencia y poder!

1. Amélie
2. Love Story
3. Cinderella Man
4. Mary Poppins
5. Funny Face
6. The Way We Were
7. Desayuno en Tiffany's
8. Not Without My Daughter
9. Love Actually
10. The Secret
11. The Devil Wears Prada
12. Charade
13. Roman Holiday
14. Mi bella dama
15. The Joy Luck Club
16. Where the Heart Is
17. The Little Princess
18. Mujeres al borde de un ataque de nervios

LA MÚSICA

Gracias a Dios por los automóviles con ventanas oscuras y los amigos pacientes, porque por mucho tiempo conduje mi auto cantando estas canciones a todo pulmón como si fuera Céline Dion.

Mix #1: Para mis niños

1. "Ángel", Cristian Castro
2. "Mi pequeño amor", Ednita Nazario
3. "Si tú no estás", Franco de Vita
4. "No hay nada major", Gilberto Santa Rosa
5. "Ángel", Jon Secada
6. "Tu guardian", Juanes
7. "Cuando pasará", Menudo
8. "Fotogragía", Juanes
9. "Un mundo ideal", Ricardo Montaner
10. "La razón de mi vida", Johnny Rivera
11. "Coquí", Menudo
12. "Claridad", Menudo
13. "Carta a Borinquen", Willie Colón
14. "Llegaste a mí", Marc Anthony

Mix #2: Karma

1. "Vengada", Ednita Nazario
2. "Lloraré", Cristian Castro
3. "Por tí", Ednita Nazario
4. "Tú sin mí", Ednita Nazario
5. "Te lloraré un río", Maná
6. °Y se que vas a llorar", Manny Manuel
7. "Llorarás", Oscar D'León

8. "La que me robó tu amor", Milly y los vecinos
9. "Te he querido, te he llorado", Ednita Nazario y Ivy Queen
10. "Te arrepentirás", Fanny Lu
11. "No voy a mover un dedo", Guillermo Dávila
12. "Lo pasado pasado", José José
13. "Lloré", Héctor Lavoe
14. "Mala gente", Juanes
15. "Lo que no fue no será", José José
16. "No te pido flores", Fanny Lu
17. "Periódico de ayer", Hector Lavoe
18. "Lo dudo", José José
19. "No voy a llorar", Ednita Nazario
20. "Es mejor así", Cristian Castro
21. "Te quedarás hundido", Ednita Nazario
22. "Dícelo", Milly y los vecinos
23. "Necesitas amor", Cristian Castro
24. " Ahora", Ednita Nazario

Mix #3: Llorar
1. "Cuando se acaba el amor", Guillermo Dávila
2. "Yo quería", Cristian Castro
3. "Aprenderé", Ednita Nazario
4. "Si me ves llorar por ti", Cristian Castro
5. "Yo que te amé", Ricardo Montaner
6. "Antes", Obie Bermúdez
7. "Tal vez", Ricky Martin
8. "Por amarte así", Cristian Castro
9. "Ahora es tarde ya", Ednita Nazario
10. "Déjame llorar", Ricardo Montaner
11. "Dejaría todo", Chayanne

12. "Nunca voy a olvidarte", Cristian Castro
13. "Si no me amas", Ednita Nazario
14. "¿Después de ti, qué?", Cristian Castro
15. "Un siglo sin ti", Chayanne
16. "Mi vida sin tu amor", Cristian Castro
17. "Amaneciendo en ti", Cristian Castro
18. "Se mi aire", Cristian Castro
19. "Lloran las rosas", Cristian Castro
20. "El día que puedas", Emmanuel
21. "Almohada", José José
22. "No se tú", Luis Miguel
23. "Amar y querer", José José
24. "Si me dejas ahora", José José
25. "¿A dónde va el amor?", Ricardo Montaner

Mix #4: Nuevo día (ritmo animado)
1. "Déjame entrar", Carlos Vives
2. "Lloviendo flores", Ednita Nazario
3. "Fruta fresca", Carlos Vives
4. "Manangue", Fonseca
5. "El día de mi suerte", Hector Lavoe
6. "Me enamoro de ella", Juan Luís Guerra
7. "Che che cole", Hector Lavoe
8. "A Dios le pido", Juanes
9. "De pies a cabeza", Maná
10. "Puertorriqueño yo soy", Michael Stuart
11. "Bomba para afincar", Viw C
12. "La murga", Willie Colón
13. "Dónde estás corazón", Shakira
14. "Me vale", Maná

15. "El Todopoderoso", Hector Lavoe
16. "Ah –Ah/O-no", Hector Lavoe
17. "A pedir su mano", Juan Luís Guerra
18. "La inglesa", Vico
19. "Jaleo", Ricky Martin
20. "La Bomba", Ricky Martin
21. "La copa de la vida", Ricky Martin
22. "Espíritu libre", Ednita Nazario
23. "El amor de mi tierra", Carlos Vives
24. "4:30 am", Obie Bermúdez
25. "Por arriba, por abajo", Ricky Martin

Mix #4:Nuevo día (ritmo lento)
 1. "Volver a amar", Cristian Castro
 2. "Te amo", Franco de Vita
 3. "Sólo pienso en tí", Guillermo Dávila
 4. "Amores como el nuestro", Jerry Rivera
 5. "Cuidarte el alma", Chayanne
 6. "Enamorándome más de ti", Guillermo Dávila
 7. "Atado a tu amor", Chayanne
 8. "Volver a nacer", Chayanne
 9. "Toda la luz que brilla", Guillermo Dávila
10. "Cantaré para ti", Guillermo Dávila
11. "Tú y yo", Emmanuel
12. "Sólo importas tú", Franco de Vita
13. "¿Quién te dijo eso?", Luis Fonsi
14. "Quiero", Shakira
15. "La quiero a morir", Sergio Vargas
16. "Azul", Cristian Castro
17. "Confiésame", Fonseca

$\mathscr{L}$AS COMIDAS

En Puerto Rico, no hay problema que no se resuelva con un plato de comida. Cuando no sabemos qué hacer, cocinamos o comemos. Te juro que ayuda. Después de mi divorcio, Mami siempre estaba en la cocina preparando mis platos favoritos. Los olores y sabores me hacían volver a mi infancia y de inmediato me sentía tranquila. Obligué (por la fuerza) a Mami a que escribiera las recetas de mis platos puertorriqueños favoritos.

◦⟋⟍◦

Las recetas de Mami

Alitas

¡Un clásico para el asado!

> 1 docena de alas de pollo
> 1 cucharada de vinagre de cidra de manzana
> adobo, orégano, polvo de ajo y pimienta al gusto

- Se adoba el pollo con el adobo, la pimienta, el ajo, el orégano y la mezcla de vinagre.
- Se deja reposar 15 minutos.
- Se asa el pollo a la parrilla asegurándose de voltear constantemente las presas. (También se puede freír en el sartén, si no tiene una parrilla para asar disponible).
- El plato está listo cuando todas las alas estén doradas.

Mofongo (plátanos verdes machacados)

3 plátanos verdes

3 dientes de ajo

1 cucharadita de sal

4 tazas de agua

1 cucharada de aceite de oliva

½ libra de chicharrón triturado

Opcional: tocineta frita, manteca o aceite vegetal

- Se pelan los plátanos y se cortan en rodajas de una pulgada.
- Se sumergen en agua y sal durante 15 minutos y después se escurren.
- Se fritan las tajadas de plátano durante 15 minutos en aceite caliente (a 350°F) y se dejan escurrir sobre toallas de papel.
- Se trituran los dientes de ajo en un mortero y se rocían con sal y aceite de oliva.
- Se siguen machacando.
- Se machacan las tajadas de plátano fritas con el chicharrón de cerdo y se agrega la mezcla de ajo.
- Se sigue machacando.
- Con una cuchara se forman bolas de dos pulgadas con esta mezcla.
- Se ponen en un plato de hornear y se mantienen calientes hasta el momento de servir.

Antipasto

1 cucharada de aceite de oliva

½ cebolla (en cubitos)

½ pimiento verde (en cubitos)

8 onzas de salsa de tomate

6 aceitunas españolas (en cubitos)

1 lata de 8 onzas de zanahorias (en cubitos)

2 latas de atún (en agua)

2–3 cucharadas de salsa de tomate

- En un sartén grande se mezclan el aceite, la cebolla y el pimiento. Se cocinan a fuego medio hasta que estén blandos mezclando bien.
- Se agrega la salsa de tomate, las aceitunas, las zanahorias y el atún mezclando bien.
- Se agrega la salsa de tomate y se mezcla.
- Se deja conservar por 30 segundos antes de retirarlo del fuego.
- Se deja enfriar y luego se sirve sobre galletas Ritz.

Asopao

14 tazas de agua

1 pollo despresado

1 sobre de sazón Goya (con culantro y achiote)

1 sobre de sazón Accent (original)

1 cubito de caldo de pollo

8 onzas de salsa de tomate

2 cucharadas de aceitunas españolas

½ cebolla (en cubitos)

½ pimiento verde (en cubitos)

3 hojas de cilantro

2 hojas de culantro

1 taza de arroz

sal al gusto

4 onzas de pimientos morrones

- En una olla grande, se pone el agua, el pollo y los demás ingredientes (a excepción del arroz, la sal y los pimientos), se deja hervir.
- Cuando el agua esté hirviendo, se agregan el arroz y la sal. Se deja hervir hasta que el arroz esté blando.
- Se retira del fuego y se agregan los pimientos morrones.

Bacalaitos

Siempre me recuerdan los domingos después de misa, cada vez que salgo de la iglesia en Los Ángeles, todavía espero encontrar al vendedor de bacalaitos.

1 taza de harina de trigo
1 bacalao sin espinas, cortadito
1 cucharada de orégano
2 dientes de ajo (machacados)
1½ tazas de cerveza
Aceite para freír

- En un tazón grande se mezcla la harina con el bacalao.
- Se agrega el orégano, el ajo y la cerveza.
- Se calienta el aceite (a fuego medio) en un sartén hondo.
- Cuando el aceite está caliente, se echa la mezcla por cucharadas y se frita hasta que esté crocante.

212

Buñuelos

PARA LOS BUÑUELOS
1 taza de agua
1 barra de mantequilla
½ cucharadita de sal
1 taza de harina de trigo multipropósito
4 huevos
Aceite para freír

PARA EL ALMÍBAR
1 taza de azúcar
½ taza de agua
1 cucharadita de vanilla

- Se hierve una taza de agua con la mantequilla y la sal.
- En un tazón grande, se pone la taza de harina y poco a poco se le va agregando la mezcla de agua y mantequilla mientras se va mezclando suavemente (sin batir).
- Se agregan los huevos a la mezcla uno por uno.
- Cuando todo está bien mezclado, se echan cucharadas de masa en el sartén para freír.
- Cuando los buñuelos estén dorados por un lado se les da la vuelta.
- Se sacan y se dejan escurrir sobre toallas de papel.
- El almíbar se prepara dejando hervir el azúcar, el agua y la vainilla por unos 15 minutos y luego se deja enfriar.
- Cuando está frío, se mojan los buñuelos en el almíbar.

Ensalada de coditos

1 taza de coditos de macarrón

1 pizca de sal

½ libra de jamón cocido (en cubitos)

3 huevos duros (en cubitos)

½ cebolla (en cubitos)

3 ramas de apio (en cubitos)

4 onzas de pimientos morrones (en cubitos)

8 onzas de mayonesa

• Se hierven los macarrones con la sal y se dejan escurrir cuando estén blandos.

• En un sartén grande se mezclan los macarrones y todos los ingredientes en cubitos y se refrigeran.

• Antes de servir se agrega la mayonesa y se mezcla bien.

Arroz con gandules

½ taza de aceite de maíz

½ libra de tocineta (picada)

1 tarro grande de gandules (green pigeon peas)

½ cebolla (en cubitos)

½ pimentón verde (en cubitos)

2 dientes de ajo (machacados)

2 hojas de cilantro

2 hojas de culantro

1 cubito de caldo de gallina

½ cucharadita de orégano

1 sobre de sazón Goya(con culantro y achiote)

1 sobre de sazón Accent (original)

1 plátano verde pequeño (desmenuzado)

2 tazas de arroz

3 tazas de agua

Sal al gusto

- En una olla grande se calienta el aceite y se agrega la tocineta.
- Cuando se cocine la tocineta, antes de que esté tostada, se agrega la cebolla, el pimiento verde, el ajo, las hojas de culantro y cilantro, el caldo de pollo, el orégano y los sobres de sazón. Se sofríe.
- Se agrega el plátano verde y se mezcla bien.
- Se agregan el arroz, el agua y la sal.
- Se deja hervir la mezcla hasta que seque. Se rebulle, se tapa, se deja a fuego lento y se cocina por 30 minutos.
- Revolver de nuevo y servir.

Habichuelas

16 onzas de fríjol pequeño rojo
½ lata de salsa de tomate
½ sobre de sazón Goya (con culantro y achiote)
½ sobre de sazón Accent (original)
½ cubito de caldo de gallina
1 libra de calabaza (en cubitos)
1 libra de jamón cocido (en cubitos)
Sal al gusto
¼ taza de cebolla (en cubitos)
¼ taza de pimiento verde (en cubitos)
¼ cucharadita de orégano
2 hojas de cilantro
2 hojas de culantro
1½ tazas de agua

Se echan en el agua todos los ingredientes y se dejan hervir, se hierven hasta que la calabaza esté blanda.

Sandwichitos de mezcla

Este plato es obligatorio para todas las fiestas de cumpleaños infantiles.

16 onzas de Cheese Whiz (queso amarillo fundido para untar)
12 onzas de jamonilla (jamoneta)
6 aceitunas rellenas
1 lata de 10 onzas de pimientos morrones
1 paquete de pan blanco tajado (sin la corteza)

- Exceptuando el pan, se mezclan los demás ingredientes en la licuadora o en el ayudante de cocina.
- Se esparce la mezcla sobre el pan, se hacen sándwiches y luego se corta el sándwich en cuatro piezas triangulares.

Limber de coco

Éste es mi postre favorito, ¡siempre me impaciento mientras espero a que se congele!

2 cocos
6 tazas de agua
3 tazas de azúcar

- Se parten los cocos, se les saca el relleno y se pica en cubitos.
- En una licuadora se mezcla una porción de coco y aproximadamente una taza de agua.
- Se vierte la mezcla en una tela para prensar queso y se exprime el líquido en un recipiente aparte. Se desecha el coco restante (reservando unas cuantas cucharadas para utilizarlo después).
- Se repiten los dos pasos anteriores hasta que no quede coco.
- Se vierte el líquido en vasos plásticos o en cubetas para hielo.
- Se pica el coco que se reservó y se coloca sobre el líquido.
- Se congela hasta que esté firme.

Flan de queso

PARA EL CARAMELO

1 taza de azúcar

1 taza de agua

PARA EL FLAN

8 onzas de queso crema

1 lata de 12 onzas de leche evaporada

1 lata de 12 onzas de leche condensada

6 huevos

1 cucharadita de vanilla

Para hacer el caramelo

- Se hierve el agua con el azúcar hasta que esté levemente café.
- Se vierte en el molde para flan de modo que cubra todo el fondo.

Para hacer el flan

- Se ponen todos los ingredientes en la licuadora y se mezclan hasta que estén suaves.
- Se vierte la mezcla en un molde para flan.
- Se coloca el molde en un sartén más grande y se pone agua en el recipiente exterior hasta que esté casi lleno.
- Se hornea a 350°F por 1 hora.

Polvorones (Galletas de almendras)

1 yema de huevo
½ taza de azúcar
1 barra de mantequilla
1 cucharadita de extracto de almendra
1½ tazas de harina de trigo

- Se precalienta el horno a 350°F.
- Se baten las yemas de huevo con el azúcar, la mantequilla y el extracto de almendra en un tazón grande.
- Se va agregando la harina poco a poco.
- Se forman bolitas del tamaño de una cuchara de sopa.
- Se hornean sobre una pan de galletas sin engrasar durante 20 minutos o hasta que estén doradas.

Coquito (Eggnog puertorriqueño)

¡Mi cóctel favorito!

1 lata de 12 onzas de leche evaporada
1 lata de 12 onzas de crema de coco
2 latas de leche condensada
8 huevos
Canela al gusto
1 botella de ron suave

* Se mezclan todos los ingredientes, a excepción del ron, en una licuadora.
* Se vierte la mezcla en un tazón grande y se agrega el ron.
* ¡Se enfría!

Mis recetas

Galletas de sal fritas

Cuando era joven solíamos hacerlas. No teníamos dinero, así que teníamos que hacer cosas interesantes. ¡Parece terrible pero son deliciosas!

Galletas de sal
Aceite para freír fresco (no se puede utilizar aceite ya usado para esta receta)

- Deje caer las galletas en el aceite para freír durante un minuto.
- Sáquelas y déjelas enfriar un poquito antes de comerlas.

Pie de Yari

¡Mi especialidad!

24 onzas de queso crema
1 bolsa de mini malvaviscos (o malvaviscos grandes partidos en cuadritos)
1 lata de 16 onzas de cóctel de frutas o duraznos en su jugo
   (prefiero los duraznos) (escurridos)
1 molde de masa para tarta hecha de galletas integrales dulces
   (galletas "graham")

- Se mezclan el queso crema y los malvaviscos.
- Se agrega un poco del almíbar del cóctel de fruta o de los duraznos para que la mezcla no quede demasiado seca (pero sin que quede demasiado líquida).
- Se vierte más o menos la mitad de la mezcla sobre un molde de masa para tarta (hasta que apenas cubra el fondo).
- Se agrega una capa de cóctel de frutas o duraznos.
- Se agrega otra capa de la mezcla del queso crema y malvaviscos.
- Se pone otra capa de cóctel de frutas o duraznos.
- Se refrigera hasta el momento de servir (al menos dos horas).

"¿Por qué todos hablan del pasado?
Lo único que cuenta es el partido de mañana".

—*Roberto Clemente*

AGRADECIMIENTOS

Debo decir que esta parte de los agradecimientos fue la parte del libro que me tomó más tiempo. Son tantas las personas a quienes les estoy sinceramente agradecida, no sólo por su ayuda con este libro sino también por su infinita comprensión y su apoyo incondicional en todo mi recorrido hacia el redescubrimiento. Después, están aquellos a quienes jamás les podré dar las gracias como se lo merecen (por ejemplo, la mujer del aeropuerto de Miami que claramente me dejó saber lo que le parecía a todos mi huevo color de pelo.) y todos aquellos a quienes no les podré agradecer tanto como se merecen (por ejemplo, una hermana en particular que estuvo a mi lado paso a paso a todo lo largo del camino). Pero de todas formas quisiera intentarlo.

Sin que sea en ningún orden específico, brindo con un vaso de coquito por las siguientes personas que me dieron su apoyo:

Mami: Sólo puedo esperar llegar a ser algún día la mitad de la buena mamá que eres tú. Hoy soy quién soy ahora gracias a lo que me enseñaste a pesar de lo devastadora que haya sido toda esta experiencia, siempre permaneciste firme y me diste esperanza. Me cuidaste y cuidaste a mis hijos como no lo podría hacer nadie más en el mundo. Tu promesa de amor es nuestro mayor regalo.

Jinny: Admiro tu fortaleza, tus conocimientos y tu inquebrantable determinación... TE admiro. Era una inspiración, siempre estás ahí para escuchar, para hacerme encontrar mis propias respuestas (¡esas fueron las más claras llamadas de alerta!) que me recordaron que en la vida no hay problemas, sólo oportunidades. Me siento muy afortunada de tenerte en mi vida... Gracias por tus consejos, por tu risa y por llenar mi vida con "Colors".

Papi: Sé que has tenido que sufrir tanto como yo durante mi experiencia, y jamás te diste por vencido. Siempre supiste escucharme. Sólo con mis primeras palabras por el teléfono, supiste exactamente cómo me sentía. Gracias por traerme paz y hacerme reír, las dos cosas que necesitaba más que nada en la vida.

José: ¡El mejor cuñado que Jinny me hubiera podido dar! Nos traes tanta alegría. Nunca he conocido a nadie tan dispuesto a compartir su paz, su sabiduría y su luz. Siempre nos muestras formas de ver la belleza en nuestras propias vidas. Gracias por salir a batear y por ser una figura paterna tan maravillosa para mis dos hijos. Por recordarnos que, "Cuando las cosas no salen como queremos, debemos SER AGRADECIDOS, porque hay un mejor plan para nosotros..."

Jowie y Ricky: No sé qué hubiera hecho sin ustedes. Gracias por ser los mejores hermanos que una hermanita puede desear. Por no perder nunca la calma y por hacerme reír (muchas veces de mí misma) con tantas ganas, y obligarme a trabajar en mis abdominales.

A mi familia: Por hacer que cada día fuera tan increíblemente especial. Abuela Aída, gracias por rezar el rosario todos los días por nuestra familia *"y porque todo me salga bien"*.

Agradecimientos

A mi familia colombiana: Gracias por estar ahí para mis hijos, por tratar de animarme, ¡hasta que lo lograron! Por quererme y por considerar a mis hijos como suyos.

Tiana Rios: Por toda la ayuda, por saber escuchar siempre, por mantenerme en una sola pieza. Por querer absolutamente a mis hijos. Gracias por mantenerme alerta, ¡sobre todo cuando estoy a punto de ceder a los deseos de los niños! No podría imaginar mi Vida sin ti.

Jennifer Nieman: La mujer de negocios más inteligente que conozco. Por creer en mí más que yo misma. Por mirar siempre hacia el futuro con esperanza y por quererme a mí y a mis hijos con pasión. Soy la mujer más afortunada de contar contigo en mi equipo porque nunca había visto a nadie que amara tanto lo que hace como tú. Y, sí, responder el teléfono de la oficina mientras tienes una contracción... ¡Una locura!

Melissa y Haydee: Por no cesar de insistirme en que la Vida es Justa.

Mi amor: Porque me haces ser una mejor persona. Porque nada te hace más feliz que verme triunfar. Ante todo, por mostrarme que la vida apenas empieza. Gracias por compartir con mis hijos el amor más puro y genuino... Te queremos con todo el corazón.

Gracias a todos mis amigos: A todos los que, de alguna forma, han tocado mi vida: Andy Abbad, Gladys Algarin, Noraidy Algarin, Shannon Algieri, Greg Anderson, Yesenia Bassali, Giselle Blondet, Estella Cabrera, Gladys Calvert, Jim Calvert, Tiara Cantlin, Olga Carney, Daisy Collado, Omar Cruz, Elsa Delgado, George Leon, Isabel Lepejian, Mary Wilson, Gloria Hincapie, Eddie Olmos, Lymari Olmos, Suzanne Baptiste, Tracey Pollack, Eva Martinez, Larry Monge, Ednita Nazario, Cindy Nogue, Rosa Normandia, Lu Parker, Rose Rios, Heather Russell, Maital Sabban, Yolanda Santamaria, Cristina Saralegui, Alex Wescourt, Glicer Hutchison, Reem Acra, John Soto, Grace Bracero, Jorge Bracero, Yolanda Rosalí, Debbi Rosado, Nely

Galán, Meme López, Yldefonso López, Sandy Campanilla, y Julie Pirangeli.

Eduardo Xol: Quien llegó a mi vida en el momento preciso. De no haber sido por nuestras conversaciones, este proyecto hubiera sido sólo un simple deseo en mi lista. Gracias por tu amistad y por presentarme a los más maravillosos y excelentes amigos, como:

Raymond: Gracias por creer en este proyecto y por tu paciencia.

Marissa Matteo: ¡Cuando sea grande, quiero ser como tú! Gracias por escucharme y por entender mis ideas. Atesoro todas nuestras conversaciones y disfruté cada risa. Recuerda que ¡éste es sólo el comienzo!

Mi ex esposo: Porque juntos descubrimos tantas cosas maravillosas y separados, tuve la dicha de redescubrir quién realmente soy...